STAUB

나의 첫 스타우브 레시피

스타우브 하나로 모든 요리를 마스터
나의 첫 스타우브 레시피

지은이 용동희
펴낸이 정규도
펴낸곳 황금시간

초판 1쇄 발행 2015년 11월 25일
초판 4쇄 발행 2024년 10월 25일

편집 정상미 권명희
디자인 霖design 김희림
사진 한정선
요리 스태프 오지연, 김지수, 이현경

황금시간
Golden Time

주소 경기도 파주시 문발로 211
전화 (02)736-2031(내선 291~296)
팩스 (02)732-2037

출판등록 제406-2007-00002호
공급처 ㈜다락원
구입문의 전화: (02)736-2031(내선 250~252)
    팩스: (02)732-2037

Copyright ⓒ 2015, 용동희
저자 및 출판사의 허락 없이 이 책의 일부 또는 전부를 무단 복제·전재·발췌할 수 없습니다.
잘못된 책은 바꿔 드립니다.

값 24,800원
ISBN 978-89-92533-81-2(13590)

http://www.darakwon.co.kr
- 다락원 홈페이지를 통해 주문하시면 자세한 정보와 함께 다양한 혜택을 받으실 수 있습니다.
- 기타 문의사항은 황금시간 편집부로 연락 주십시오.

STAUB

용동희 지음

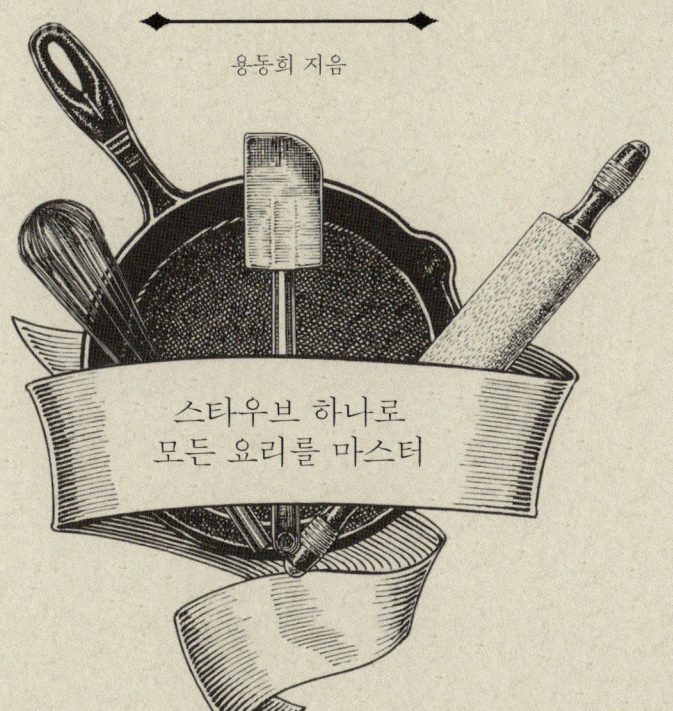

스타우브 하나로
모든 요리를 마스터

나의 첫 스타우브 레시피

황금시간
Golden Time

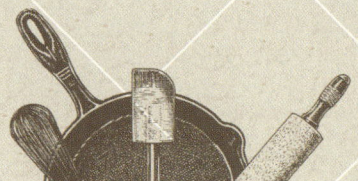

〈나의 첫 스타우브 레시피〉 보는 법

**6가지 조리법,
55가지 요리 레시피를 소개합니다**

- 이 책은 냄비 하나만 있어도 다양한 요리를 할 수 있는 스타우브의 장점에 맞게 구성되어 있습니다. 짓고, 끓이고, 조리고, 볶고, 찌고, 굽는 6가지 조리법을 중심으로 매일 먹는 집밥부터 특별한 날을 위한 별식까지 55가지 요리를 만들 수 있습니다. 본인의 취향에 맞게 원하는 요리를 선택해 만들어 보세요.

**가장 기본적이지만
꼭 알아두어야 할 정보를 실었습니다**

- 스타우브를 이미 가지고 있거나, 구입을 고민하는 분들을 위해 스타우브의 장점, 제품별 포인트, 도구 선택법 등을 소개합니다.
- 스타우브를 오래 사용하려면 특성을 고려해 보관하는 것이 중요합니다. 손질부터 관리법까지 꼼꼼하게 소개합니다.

모든 요리 과정을
한눈에 보기 쉽게 소개합니다

- 요리에 사용한 스타우브 종류, 요리 분량, 조리 시간을 알려줍니다. 조리 시간은 재료의 양, 주물 냄비나 팬의 크기에 따라 약간의 차이가 생길 수 있습니다.

- 주재료와 양념, 육수에 필요한 재료를 소개합니다. 레시피에서 기름은 올리브오일을 제외한 식용유, 카놀라유, 포도씨유, 현미유 등 어떤 기름을 사용해도 좋습니다. 올리브오일을 사용해야 할 때는 '올리브오일'이라고 표시했습니다.

- 모든 계량은 계량컵과 계량스푼을 사용합니다. 1컵은 200ml, 1큰술은 15ml, 1작은술은 5ml 기준입니다.

- 조리 과정은 요리 초보도 따라 할 수 있도록 보기 쉽게 정리했습니다. 조리 과정을 참조해 직접 만들어 보세요.

중요한 요리 과정과 완성한 요리를
생생한 사진으로 보여 줍니다

- 요리책은 요리를 만드는 데 필요한 정보서이지만 책을 보면서 눈으로 즐기고 맛을 상상하는 재미도 줍니다. 다양한 요리 사진을 통해 요리의 즐거움을 느껴 보세요.

- 중요한 요리 과정을 사진으로 다시 한 번 소개합니다. 박스 안의 숫자는 앞 페이지의 조리 과정 순서를 의미합니다. 박스 안의 숫자가 2일 경우, 앞 페이지 조리 과정 2번에 해당합니다.

Contents

〈나의 첫 스타우브 레시피〉 보는 법 · 4
스타우브는 어떤 냄비일까? · 8
스타우브로 요리하면 왜 좋을까? · 10
하나여도 충분한 스타우브 · 12
스타우브의 짝꿍 · 14
오랫동안 소중하게 쓰고 싶다면 · 16
스타우브 레시피 속 재료와 양념 · 18
에필로그 · 248

PART 1. STAUB RECIPE 스타우브로 짓고

● 흰쌀밥 22 ● 버섯굴밥 24 ● 콩나물밥 28 ● 퀴노아밥 32 ● 해산물파에야 34 ● 전복리소토 38
● 닭고기영양죽 42 ● 단호박죽 46 ● 곤드레밥 50

PART 2. STAUB RECIPE 스타우브로 끓이고

● 사골국 56 ● 클램차우더 60 ● 밀푀유전골 64 ● 누룽지삼계탕 68 ● 육개장 72 ● 소시지카레 76
● 수제비매운탕 80 ● 짬뽕탕 84

PART 3. STAUB RECIPE 스타우브로 조리고

- 연근조림 90　● 알감자조림 94　● 데미햄버거조림 98　● 두부조림 102　● 닭볶음탕 106
- 고등어조림 110　● 달걀장조림 114　● 동파육 118

PART 4. STAUB RECIPE 스타우브로 볶고

- 주꾸미볶음 124　● 잡채 128　● 무나물 132　● 마파두부 136　● 치즈마카로니 140
- 닭갈비 144　● 크림새우파스타 148　● 낙지떡볶이 152

PART 5. STAUB RECIPE 스타우브로 찌고

- 수육 158　● 닭봉찜 162　● 달걀찜 166　● 갈비찜 170　● 등갈비김치찜 174　● 와인홍합찜 178
- 양배추삼겹살찜 182　● 생선찜 186

PART 6. STAUB RECIPE 스타우브로 굽고

- 대파스테이크 192　● 생강돼지고기구이 196　● 루콜라피자 200　● 해물파전 204
- 데리야키연어구이 208　● 미트라자냐 212　● 군고구마 216　● 닭날개구이 218

PART 7. STAUB RECIPE 놀라운 스타우브

- 반숙&완숙 달걀 224　● 연근튀김 228　● 병아리콩딥 232　● 요구르트케이크 236
- 블루베리잼 240　● 캠핑꼬치 244

스타우브는 어떤 냄비일까?

1974년 프랑스 알자스 주의 작은 마을에서 탄생한 스타우브는

맛, 영양, 디자인까지 모두 갖춘 프리미엄 쿡웨어라고 할 수 있다.

프랑스 장인이 우수한 재료를 사용해 전통의 제조 방식으로 만든 주물냄비에

안쪽에는 내열성을 높이고 요리의 맛을 살리는 블랙 에나멜 코팅을,

바깥쪽에는 스타우브가 추구하는 클래식한 색상을 덧입혔다.

뚜껑은 조리 열을 붙잡고 온도를 일정하게 유지할 수 있도록 두툼하게 만들고

평평한 면에 스파이크 돌기를 더해 재료의 맛을 살린 건강한 요리가 가능하도록 했다.

하지만 무엇보다 스타우브 하나로 다양한 요리를 할 수 있다는 것은

스타우브가 '제대로 된 주방용품'이라는 사실을 입증한다.

오래도록 쓸 수 있는, 오래 쓸수록 더 좋은 스타우브.

그야말로 스타우브 하나면 충분하다.

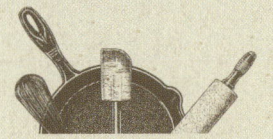

스타우브로 요리하면
왜 좋을까?

셀프 베이스팅 Self-basting 시스템

스타우브 냄비 뚜껑 안쪽을 보면 평평한 표면에 '스파이크'라는 동그란 돌기가 나 있다. 뚜껑을 덮고 가열하면 재료에서 빠져 나온 수증기가 스파이크 표면에 닿아 물방울로 변하고, 다시 재료 위로 고르게 떨어진다. 즉, 스파이크가 냄비 안에서 재료의 수분이 재순환하도록 도와 조리 중 발생하는 수분 손실을 막는 것이다. 또한 최소한의 수분으로 음식을 조리할 수 있어 재료의 향미와 영양을 살리는 저수분 요리가 가능하다. 이 셀프 베이스팅 시스템으로 다른 주물 냄비보다 수분 보존력이 높다.

폭넓은 쓰임새

전자레인지를 제외한 가스레인지, 오븐, 인덕션, 그릴 등 대부분의 열기구에서 사용이 가능하다. 손잡이가 동 또는 니켈 소재로 되어 있어 800℃ 이상의 온도에서도 변형되지 않는다. 고온에서 조리 시 뜨거울 수 있으니 반드시 실리콘이나 두툼한 패브릭 소재의 주방장갑을 사용해 잡도록 한다.

블랙 매트 에나멜 코팅

냄비 안쪽에는 고품질의 블랙 매트 에나멜이 2겹으로 코팅되어 있다. 스타우브 고유의 코팅 기법으로 열에 의한 충격과 스크래치에 강하고 손질이 쉽다. 또한 오랜 시간 슬로푸드를 즐길 수 있으며, 요리에 깊은 맛을 살려준다. 코팅 표면을 거칠게 만드는 가공을 더해 음식 재료가 쉽게 눌어붙지 않도록 했다. 착색 걱정도 No!

균일한 열전도율, 뛰어난 열보존성

중량감 있는 뚜껑이 열기까지 잡아준다. 뚜껑을 덮고 가열하면 열이 음식 재료에 균일하게 전달되어 재료 속까지 제대로 익는다. 적은 화력으로도 요리를 쉽게 할 수 있을 뿐 아니라 열이 지속되는 시간이 길어 음식을 오랜 시간 따뜻하게 즐길 수 있다. 온도 변화가 적은 만큼 초보자들도 쉽게 풍미 깊은 요리를 만들 수 있다.

엄마의 주방에서 딸의 식탁으로, 대를 잇는 수명

주물냄비는 워낙 수명이 길어 할머니가 어머니에게, 어머니가 아들딸에게 전해줄 수 있을 정도다. 열에 의한 충격과 스크래치에도 강하기 때문에 손질과 보관만 잘 하면 오랫동안 사용할 수 있다. 오랜 세월을 함께 하는 만큼 추억까지 덧입혀져 더욱 특별해진다.

하나여도 충분한 스타우브

가족 구성원에 따라, 혹은 조리법에 따라 갖가지 형태의 냄비와 팬을 준비하면 좋겠지만,
사실 고가의 주방용품을 다양하게 갖추기란 쉬운 일은 아니다.
우리집 식단을 꼼꼼히 살펴보고 어떤 형태의 냄비나 팬을 사는 게 유용할지 판단해 보자.
스타우브의 가장 큰 장점은 요리를 하는데 냄비나 팬 하나만 있어도 충분하다는 점이다.

꼬꼬떼

10, 14, 16, 18, 20, 22, 26cm 등 가족 수에 맞게 크기가 다양한 주물냄비. 깊이가 있어 밥, 국, 조림, 볶음 등 다목적으로 사용할 수 있다. 손잡이가 동, 니켈로 되어 있어 고온의 오븐 요리에도 안전하게 쓸 수 있다. 묵직한 뚜껑은 조리 중 수분 손실을 막아주고 압력솥과 같은 효과를 낸다. 원형과 타원형 두 가지 종류로 타원형은 꼬꼬떼와 전골냄비의 장점을 모두 지녔다.

전골냄비

24, 28cm 두 가지 사이즈. 넓이에 비해 깊이가 낮아 조리 후 식탁에 올려 함께 먹기 적당하다. 바닥이 벌집 모양으로 되어 있어 재료 겉면이 타지 않고 속까지 골고루 익는다. 구이나 볶음 등의 요리를 하기에 손색없다.

베이비웍

아기 이유식처럼 적은 양을 바로 만들어 먹일 때 편리하다. 조리한 음식을 1회 먹을 분량으로 담아낼 수 있어 손님상뿐만 아니라 일반 가정식에서도 먹음직스러운 상차림을 연출할 수 있다. 달걀찜, 볶음, 조림, 튀김 등 다양한 용도로 사용한다. 또한, 남은 음식을 보관할 때 부피를 많이 차지하지 않아 보관도 간편하다. 뚜껑이 유리로 되어 있어 조리 상태를 눈으로 직접 볼 수 있다.

다용도팬

실리콘 손잡이가 있어 다른 스타우브 제품보다 안전하게 사용할 수 있다. 전골냄비와 같이 바닥이 벌집 모양으로 되어 있어 구이 요리 시 재료가 잘 타지 않는다. 또한 조리할 때 생기는 국물이나 기름을 따라낼 때 유용한 홈이 앞뒤로 있다. 팬의 깊이가 낮지 않아 전골, 찌개도 가능하다.

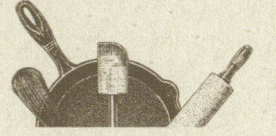

스타우브의 짝꿍

스타우브는 높은 온도를 오랫동안 유지할 수 있기 때문에 조리하거나 만질 때 알맞은 도구가 필요하다.
온도가 고스란히 전달되는 금속 소재 도구나,
냄비 안쪽의 에나멜 코팅에 흠집을 낼 수 있는 날카로운 도구와는 궁합이 맞지 않는다.
스타우브에 쓸 수 있는 조리도구들을 소재별로 소개한다.

실리콘

실리콘은 열전도성이 낮고 부드러워 스타우브에 잘 어울리는 소재다. 실리콘으로 된 조리도구는 손잡이와 헤드부분을 분리할 수 있어 따로 세척할 수 있는 스타일과 일체화된 스타일이 있다. 하지만 손잡이와 헤드가 분리되는 제품은 사용할수록 헤드 부분이 헐거워져 사용 중 분리되는 경우가 종종 있으므로, 개인적으로는 헤드와 손잡이가 일체화된 제품을 추천한다. 또한 냄비받침도 실리콘이 가장 안전하고 수명이 길다.

나무

흠집이 나지 않고 가벼워서 사용하기 좋지만 사용 후 세척, 건조가 중요한 조리도구다. 세척이 끝나면 바람이 통하는 곳에 두고 자연스럽게 물기가 마르도록 한다. 나무로 된 냄비받침의 경우 냄비 온도가 너무 높으면 자국이 남을 정도로 탈 수 있다.

패브릭

건조가 빨라 위생적이다. 스타우브에는 여러 장을 겹쳐서 쓰거나 열전도가 쉽게 일어나지 않을 정도로 두툼한 것을 사용하는 게 좋다. 스타우브의 높은 온도가 패브릭을 상하게 할 수 있으므로, 되도록 냄비받침으로는 사용하지 않는다.

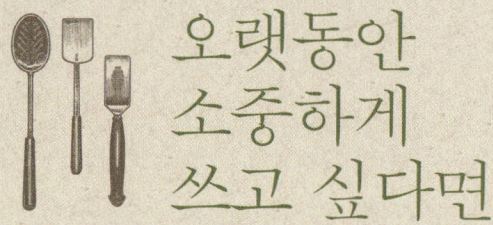

오랫동안 소중하게 쓰고 싶다면

조리도구는 어떻게 관리하느냐에 따라 수명이 줄 수도 늘 수도 있다.
처음부터 길을 잘 들이면 한평생 사용하는 것도 가능하다.
스타우브의 특성을 이해한다면 그리 어려운 일은 아니다.
사용 규칙을 잘 숙지하면 이보다 더 편리한 조리도구도 없다.

관리

스타우브를 사용하기 전 미지근한 물로 세척한 다음 잘 말린다. 이때 중성세제를 사용해도 괜찮다. 세척한 냄비가 마르면 기름을 얇게 펴 바르고 약불에서 5~7분간 가열한다. 가열 후 남아있는 기름은 키친타월 등을 이용해 닦고, 냄비가 완전히 식은 다음 사용한다. 스타우브를 사용하면서 자주 이 과정을 반복하면 기름기가 에나멜의 미세한 구멍으로 스며들어 표면이 더 매끄러워지고 쉽게 녹슬지 않는다.

조리

갑자기 강불에서 조리는 No! 조리는 약불이나 중불에서
스타우브는 급격한 온도 변화에 약하다. 가열할 때는 다른 조리도구보다 시간이 더 걸리지만 한번 온도가 올라가면 쉽게 식지 않아 식재료를 넣어도 온도가 떨어지지 않는다. 조리 온도는 항상 약불에서 중불로, 중불에서 약불로 조절하도록 한다.

재료의 양은 냄비 용량의 3분의 2
재료를 냄비 가득 넣지 않고 3분의 2 정도 또는 그 이하로 넣는 것이 좋다. 너무 많은 양의 재료를 넣고 요리하면 재료에서 나오는 수증기의 양도 많아지게 되어 끓어 넘칠 수 있다. 뚜껑을 열 수밖에 없는 상황이 되면 그만큼 열기가 빠져나가 스타우브의 장점을 제대로 살릴 수 없다.

금속 소재 조리도구는 사용하지 않는다
금속 소재의 조리도구는 냄비 안쪽에 입혀진 에나멜 코팅에 흠집을 낼 수 있다. 실리콘이나 나무처럼 부드러운 소재의 조리도구를 사용한다.

손잡이를 잡을 때는 주방장갑 등의 도구를 사용한다
스타우브 뚜껑 손잡이는 금속성으로 가열하면 온도가 높아져서 화상을 입을 수 있다. 본체와 같은 소재의 냄비 손잡이도 가열하게 되면 뜨거워지므로 뚜껑과 냄비 손잡이를 잡을 때는 반드시 실리콘이나 두툼한 패브릭 소재 도구를 사용한다.

조리에 필요한 기름이나 물은 미리 두른다
스타우브는 다른 도구와 달리 가열하지 않은 상태에서 기름이나 물을 미리 두른다. 장시간 물이 없는 상태에서 열을 가하면 냄비가 파손될 위험이 있다. 가열 중 뚜껑을 열 때는 돌기에 맺힌 물방울이 떨어지면서 기름이 튈 수 있으므로 주의한다.

세척

뜨거운 스타우브를 갑자기 찬물에 넣어서는 안 된다. 어느 정도 열기가 없어질 때까지 실온에서 식힌 다음 부드러운 스펀지에 중성세제를 묻혀 닦는다. 금속 수세미나 연마제, 표백제 등은 에나멜 가공에 흠을 낼 수 있으므로 사용하지 않는다. 만약 조리과정에서 눌어붙은 자국이 생기면 따뜻한 물에 20분 정도 불려서 세척한다. 베이킹 소다를 사용해도 좋다. 미지근한 물에 베이킹소다를 2~3큰술 넣고 약불에서 끓이다가 물이 끓기 시작한 시점에서 10분을 더 끓이면 탄 자국이 제거된다.

보관

세척이 끝난 스타우브의 물기를 패브릭으로 꼼꼼하게 닦아낸다. 냄비 본체와 뚜껑의 테두리 부분에 녹이 슬 수 있으므로 그 부분의 물기도 꼼꼼하게 제거한다. 뚜껑 손잡이를 연결하고 있는 나사 구멍에도 물이 들어가 녹이 슬 수 있으므로 가끔씩 나사를 풀어 물기를 제거한다. 냄비 표면도 물기를 닦아내면 물때가 끼는 것을 방지할 수 있다.
보관할 때는 법랑 재질이 아닌 테두리 부분이 녹슬지 않도록 냄비 본체와 뚜껑이 맞닿는 부분에 기름을 발라놓거나 패브릭을 껴놓는다. 처음 스타우브를 샀을 때 본체에 끼워져 있던 플라스틱을 버리지 않고 두었다가 패브릭 대신에 사용해도 좋다.

스타우브 레시피 속 재료와 양념

이 책에서 소개하는 요리에는 주변에서 손쉽게 구할 수 있는 재료나 양념을 사용했다.
레시피 속 재료와 양념을 소개한다.

재료

쌀, 찹쌀, 퀴노아, 병아리콩, 마카로니, 페투치네, 라자냐, 가래떡, 당면
소고기, 돼지고기, 사골, 돼지등갈비, 베이컨, 소시지, 살라미, 닭, 달걀
연어, 대구, 고등어, 낙지, 주꾸미, 오징어, 굴, 홍합, 전복, 바지락, 새우
표고버섯, 백만송이버섯, 새송이버섯, 팽이버섯
양파, 당근, 감자, 고구마, 애호박, 단호박, 연근, 파프리카, 청양고추, 홍고추
루콜라, 곤드레, 알배추, 청경채, 부추, 무, 깻잎, 양배추
콩나물, 방울토마토, 블루베리, 브로콜리, 김치, 두부
우유, 생크림, 고르곤졸라치즈, 모차렐라치즈

양념

올리브오일, 참기름, 들기름, 버터
고추장, 고춧가루, 고추기름, 두반장, 간장, 굴소스, 식초
통깨, 소금, 후춧가루, 마늘, 파, 생강, 통후추
설탕, 올리고당, 매실액, 밀가루, 빵가루
사프란, 파슬리가루, 파르메산치즈 가루, 월계수잎, 레몬즙
다시마, 카레 가루, 토마토소스, 화이트와인, 청주, 맛술

PART I
STAUB RECIPE

스타우브로 짓고

전기밥솥으로 짓는 밥에 익숙한 요즘, 가스 불로 지은 밥이 그리울 때가 있다. 말로는 설명하기 어렵지만 먹어본 사람들은 맛의 차이를 분명히 안다. 만약 가스 불로 밥을 짓는다면 스테인리스 냄비보다 주물냄비에 짓고 싶다. 묵직한 냄비의 균일한 압력과 열, 수분 보전 능력 덕분에 더욱 촉촉하고 차진 밥을 지을 수 있기 때문이다. 불 조절로 구수한 누룽지를 만들 수 있는 것도 스타우브의 매력 중 하나다. 식사가 끝날 때쯤 누룽지에 물을 부어 한소끔 끓여 먹으면 한 끼를 든든하게 마무리 할 수 있다.

흰쌀밥 · 2인분 · 꼬꼬떼 ·

좋은 쌀로 갓 지은 밥은 반찬이 필요 없을 정도로 맛있다. 스타우브로 밥 짓기의 기본, 윤기 자르르한 흰쌀밥을 지어 보자.

★ 쌀을 미리 불리지 않을 경우
쌀 1컵당 물 1~2큰술을
더 넣으세요.

스타우브로 밥을 짓는 또 다른 방법
처음부터 뚜껑을 연 채로 중불에서 8~10분간 끓인다.
물이 쌀 선에 가깝게 자작해지면 뚜껑을 덮고 약불로 줄여 10분간 끓인다.
불을 끄고 10분간 뜸을 들인다.
이 방법은 밥물이 끓어 넘치는 일이 적고,
약불로 줄이는 시점을 눈으로 확인할 수 있어 밥 짓기가 수월하다.

· ingredient ·

쌀 1.5컵, **물** 1.5컵

가열
15분
∨
뜸
10분

· how to cook ·

1 ——— 쌀은 씻어 30분간 불리고 체에 밭쳐 물기를 뺀다.

2 ——— 냄비에 불린 쌀을 담고 물을 붓는다. 보통 쌀 위로 0.5~0.7cm 정도 물이 올라오게 한다. 물의 양은 일반 냄비보다 비슷하거나 약간 적다.

3 ——— 뚜껑을 덮고 중불에서 5~7분간 끓인다.

4 ——— 뚜껑 사이에서 증기가 나오고 끓기 시작하면 약불로 줄여 10분간 끓인다.

5 ——— 누룽지를 만들고 싶으면 불을 끄기 전 강불로 올려 '타닥'하는 소리가 날 때까지 2~3분간 가열한다.

6 ——— 불을 끄고 10분간 뜸을 들인다.

7 ——— 주걱으로 밥을 고르게 저어준다.

버섯굴밥 · 3인분 · 꼬꼬때 ·

가열 18분
∨
뜸 10분

찬바람이 부는 겨울철, 살이 통통하게 오른 굴을 쌀 위에 듬뿍 올려 밥을 지으면 뚜껑을 여는 순간 바다의 내음이 코끝에 퍼진다. 여기에 쫄깃한 버섯을 더하면 맛과 향이 더욱 좋아진다. 굴은 너무 익혀서 질기지 않도록 뜸 들이기 전에 올리는 것이 포인트다.

· ingredient ·

쌀 2컵, **굴** 1컵, **표고버섯** 3장, **백만송이버섯** 1줌, **송송 썬 쪽파** 약간

밥물용 육수 **다시마** 사방 5cm 1장, **물** 2.5컵

양념장 **간장** 2큰술, **맛술** 1큰술, **물** 1큰술, **참기름** 1/2큰술, **통깨** 약간, **송송 썬 쪽파** 약간

· how to cook ·

1 ——— 쌀은 씻어 30분간 불리고 체에 밭쳐 물기를 뺀다.
2 ——— 다시마와 육수를 10분간 끓여 밥물용 육수를 만든다.
3 ——— 굴은 소금물에 휘휘 저어가며 헹군 다음 물기를 제거한다.
4 ——— 표고버섯은 밑동을 떼어 굵직하게 채 썰고, 백만송이버섯은 밑동을 잘라 가닥을 나눈다.
5 ——— 냄비에 불린 쌀을 넣고 위에 버섯을 올린 다음 육수 1.8컵을 부어 중불에서 7~8분간 끓인다.
6 ——— 약불로 줄여 10분간 끓인 다음 굴을 올린다.
7 ——— 뚜껑을 덮고 10분간 뜸을 들인다. 송송 썬 쪽파를 올리고 살살 섞는다.
8 ——— 양념장을 만들어 곁들여 낸다.

★ 육수 만들기가 번거로우면
물을 대신 붓고, 쌀 위에 다시마를
올려 지어도 좋아요.

버섯굴밥은 맛과 영양이 풍부한 한 끼 식사로 그만이지요. 별다른 반찬이 필요 없답니다.

콩나물밥

• 3인분 • 꼬꼬떼 •

가열 18분
∨∨
뜸 10분

아삭한 콩나물과 새콤한 묵은지가 어우러진 밥에 양념장을 얹어 싹싹 비벼 먹는다. 아이와 함께 먹을 때는 묵은지를 물에 가볍게 씻어 올려도 좋다. 콩나물 자체에 수분이 많으므로 평소 밥을 지을 때보다 밥물을 약간 적게 넣는다.

· ingredient ·

쌀 1.5컵, **찹쌀** 1/2컵, **돼지고기(다짐육)** 100g, **송송 썬 묵은지** 1컵, **콩나물** 150g, **물** 1.8컵

고기 밑간 맛술 1큰술, **소금 · 후춧가루** 약간씩

양념장 간장 2큰술, **맛술** 1큰술, **물** 1큰술, **참기름** 1/2큰술, **고춧가루 · 통깨 · 설탕** 1작은술씩, **송송 썬 쪽파** 약간

· how to cook ·

1 ─── 쌀과 찹쌀은 씻어 30분간 불리고 체에 밭쳐 물기를 뺀다.

2 ─── 돼지고기는 고기 밑간을 넣어 버무린다.

3 ─── 냄비에 밥을 넣고 돼지고기, 송송 썬 묵은지, 콩나물을 올린 다음 물 1.8컵을 부어 중불에서 7~8분간 끓인다.

4 ─── 약불로 줄여 10분간 끓인다.

5 ─── 불을 끄고 10분간 뜸을 들인다. 주걱으로 가볍게 섞는다.

6 ─── 양념장을 만들어 곁들여 낸다.

2　3　5

고소한 콩나물과 깊은 맛의 묵은지, 아삭한 두 재료가 각기 다른 맛을 내요.

퀴노아밥 • 2~3 인분 • 꼬꼬떼 •

남아메리카에서 자라는 퀴노아는 쌀의 5분의 1 크기로 마치 좁쌀과 같이 생겼다. 우유를 대체할 만큼 풍부한 식물성 단백질과 아미노산, 철분, 미네랄을 함유하고 있다. 찰기는 없지만, 씹는 맛이 부드럽고 특유의 맛과 향이 있다. 쌀과 함께 밥을 지으면 영양과 맛이 더욱 살아난다.

가열 18분
∨
뜸 10분

· ingredient ·

퀴노아 1/2컵, **쌀** 1.5컵, **물** 2컵

· how to cook ·

1 ───── 쌀과 퀴노아는 씻어 30분간 불리고 체에 밭쳐 물기를 뺀다.
2 ───── 냄비에 퀴노아, 쌀, 물을 넣고 뚜껑을 덮은 다음 중불에서 7~8분간 끓인다.
3 ───── 약불로 줄여 10분간 끓인다.
4 ───── 불을 끄고 10분간 뜸을 들인다. 주걱으로 가볍게 섞는다.

해산물파에야 · 2인분 · 다용도팬

가열 15분 ∨ 뜸 5분

사프란 향이 은은하게 풍기고 갖은 해산물이 가득한 파에야는 뚜껑을 여는 순간 그 푸짐함에 놀랄 수밖에 없는 메뉴. 사프란이 없을 때는 카레 가루로 대체해도 좋다. 프라이팬이나 전골냄비에 만들어 그대로 식탁에 올리면 파에야 느낌이 한층 살아난다.

· ingredient ·

불린 쌀 2컵, **홍합** 150g, **오징어** 1마리, **새우** 4마리, **베이컨** 2장, **양파** 1/4개, **마늘** 2톨, **파프리카(빨강, 노랑)** 1/2개, **방울토마토** 5개, **사프란** 약간, **물** 3컵, **올리브오일 · 파슬리가루** 약간씩

· how to cook ·

1 ──── 물과 홍합을 10분간 끓여 육수를 낸 다음 홍합은 건져낸다.

2 ──── 양파, 마늘, 베이컨을 잘게 다져 올리브오일을 두른 팬에 넣어 볶는다.

3 ──── 링 모양으로 썬 오징어, 껍질을 벗긴 새우를 넣고 볶다가 다시 건져낸다.

4 ──── 불린 쌀을 넣어 볶다가 사프란을 넣는다. 이때, 쌀이 타지 않게 1의 육수를 조금씩 붓는다.

5 ──── 쌀이 반투명해지고 부드러워지면 1의 육수를 쌀 선에 가깝게 붓고, 뚜껑을 덮어 약불에서 5분간 끓인다.

6 ──── 쌀 위에 3에서 건져낸 재료와 채 썬 파프리카, 이등분한 방울토마토를 올리고 뚜껑을 덮는다. 중불에서 3분, 약불에서 5분간 끓인다.

7 ──── 불을 끄고 5분간 뜸을 들인 다음 파슬리가루를 뿌려 마무리한다.

★ 쌀은 씻어 30분간 불리고 체에 밭쳐 물기를 빼세요.

★ 뚜껑이 없는 팬을 사용할 경우, 팬 크기에 맞는 다른 뚜껑을 찾아 사용하세요.

전복리소토 · 2인분 · 꼬꼬떼 ·

가열
25분

쌀알의 씹는 맛이 잘 살도록 정성스럽게 볶는 것이 리소토의 기본. 전복을 구운 냄비에 쌀을 볶아 전복의 향이 은은하게 배도록 한다. 마지막으로 잔열에 치즈를 녹이고 전복을 올리면 치즈의 맛과 풍미가 더해져 근사한 일품요리가 된다.

· ingredient ·

불린 쌀 1컵, **전복** 4개, **양파** 1/4개, **다진 마늘** 1큰술, **파르메산치즈 가루** 1큰술, **고르곤졸라치즈** 2큰술, **물** 적당량,

올리브오일 2큰술, **우유 · 생크림** 1/2컵씩, **파슬리 · 후춧가루 · 소금** 약간씩

· how to cook ·

1 ——— 전복은 살을 분리하고 표면에 칼집을 넣는다.
2 ——— 버터를 녹인 냄비에 전복을 구워 꺼낸다.
3 ——— 1의 냄비에 올리브오일을 두르고 다진 마늘, 다진 양파를 볶아 향을 낸다.
4 ——— 불린 쌀을 약불에서 볶는다. 이때, 쌀이 타지 않게 물을 조금씩 붓는다.
5 ——— 쌀이 투명해지고 부드러워지면 우유와 생크림을 넣어 끓인다. 중간중간 타지 않게 젓는다.
6 ——— 불을 끄고 파르메산치즈 가루, 고르곤졸라치즈, 소금, 후춧가루를 넣어 섞는다.
7 ——— 1에서 구운 전복과 다진 파슬리, 파르메산치즈 가루를 올린다.

★ 쌀을 볶는 일이 번거로우면 찬밥을 써도 좋아요.
★ 고르곤졸라치즈는 취향에 맞는 치즈로 대체해도 좋아요.

닭고기영양죽 · 2인분 · 꼬꼬때 ·

가열 30분

오랜 시간 쌀이 타지 않고 잘 퍼지도록 끓여야 하는 죽은 두툼한 주물냄비를 사용하는 것이 제격이다. 쌀을 끓이는 과정이 번거로워 찬밥을 사용하면 시간을 절약할 수 있지만 깊은 맛은 내기 어렵다. 갖은 채소와 닭고기로 맛있는 영양죽을 만들어 보자.

· ingredient ·

불린 쌀 2/3컵, **닭 가슴살** 100g, **당근 · 애호박** 2~3cm 1토막씩, **표고버섯** 2장, **맛술** 1작은술, **물** 2컵
참기름 1큰술, **소금** 약간

· how to cook ·

1 ──── 닭 가슴살, 당근, 표고버섯, 애호박은 곱게 다진다.

2 ──── 불린 쌀은 믹서에 넣어 거칠게 간다.

3 ──── 참기름을 두른 냄비에 1에서 다진 닭 가슴살을 넣어 달달 볶다가 맛술을 넣는다.

4 ──── 이어서 당근, 표고버섯, 애호박을 넣고 볶는다.

5 ──── 2에서 간 쌀을 넣고 볶다가 물 1/2컵을 붓고 끓인다. 남은 물을 총 3번에 걸쳐 나눠 붓는다.

6 ──── 쌀알이 부드럽게 퍼지면 소금으로 간을 한다.

몸이 아프지 않아도 어느 날 부드러운 죽이 먹고 싶을 때가 있어요.
죽은 같은 재료로 만들어도 밥과는 다른 맛을 냅니다.

단호박죽

· 만들기 쉬운 분량 · 꼬꼬떼 ·

가열 40분

단호박의 노란색과 새알의 흰색이 조화로운 단호박죽. 가을 단호박은 굳이 설탕을 넣지 않아도 될 만큼 단맛이 난다. 단단한 단호박을 전자레인지에 1~2분간 돌려주면 부드러워져 손질하기 편하다.

· ingredient ·

단호박 1/3개, **찹쌀가루** 1컵, **물** 적당량, **설탕 · 소금** 약간씩

· how to cook ·

1 ——— 찹쌀가루에 따뜻한 물을 부어 반죽한 다음 둥글게 새알을 빚는다. 이때 반죽에 소금을 약간 넣는다.

2 ——— 단호박은 껍질을 벗기고 속을 파내어 얇게 썬다.

3 ——— 냄비에 단호박을 담고, 잠길 정도로 물을 부은 다음 뚜껑을 덮고 약불에서 끓인다.

4 ——— 단호박이 푹 삶아지면 핸드블랜더로 곱게 간다.

5 ——— 보글보글 끓을 때 새알을 넣어 익힌다. 입맛에 따라 설탕과 소금으로 간을 한다.

tip ★

★ 단호박을 핸드블랜더로 갈 때 너무 되직하면 물을 보충해 주세요.

1 2 4 5

곤드레밥

· 2인분 · 꼬꼬떼 ·

가열 18분
∨
뜸 10분

말린 나물 특유의 깊고 진한 감칠맛을 느낄 수 있다. 밥을 지을 때 곤드레를 위에 올리기만 하면 된다. 마지막에 마가린, 버터, 들기름 등 취향에 맞는 유지를 넣어 윤기와 고소한 맛을 더한다.

· ingredient ·

쌀 1컵, **찹쌀** 1/2컵, **불린 곤드레** 150g, **마가린** 1큰술, **물** 1.5컵

양념장 **간장** 2큰술, **참기름** · **맛술** · **물** 1큰술씩, **통깨** 1작은술

· how to cook ·

1 ——— 소금을 넣고 끓인 물에 불린 곤드레를 넣어 부드러워질 때까지 삶는다.

2 ——— 1의 곤드레를 물에 담가 1시간 동안 다시 불리고 체에 밭쳐 물기를 뺀다.

3 ——— 쌀과 찹쌀은 씻어 30분간 불리고 체에 밭쳐 물기를 뺀다.

4 ——— 곤드레는 3~4cm 길이로 썰고 양념을 넣어 조물조물 무친다.

5 ——— 쌀과 찹쌀을 냄비에 담고 그 위에 곤드레를 얹는다. 물을 부어 중불에서 7~8분간 끓인다.

6 ——— 약불로 줄여 10분간 끓인 다음 불을 끄고 10분 정도 뜸을 들인다.

7 ——— 마가린을 넣어 가볍게 섞는다.

8 ——— 양념장을 만들어 곁들여 낸다.

tip ★

★ 곤드레는 먼저
넉넉한 물에 반나절이상 불려 주세요.

4 5 7

🌿 말린 나물은 참 요긴합니다.
말리는 시간 동안 깊어지는 맛 덕분에 별다른 양념이 필요 없어요.

PART

2

STAUB RECIPE

스타우브로 끓이고

스타우브는 재료의 깊고 진한 맛을 육수로 내야 하는 요리에서 제 몫을 다한다. 식구가 많지 않은 가정에서 적은 양의 국물 요리를 할 때는 수분 증발이 많아져 국물이 줄어드는 경우가 있다. 거기에 짠 맛은 덤. 하지만 스타우브는 증발하는 수분을 다시 음식 안으로 되돌려 국물의 양과 깊고 진한 맛을 지킨다. 가볍게 끓여 먹는 된장찌개에도 좋지만 갈비탕, 삼계탕과 같이 육수 맛이 중요한 요리에 더욱 적합하다.

사골국

· 만들기 쉬운 분량 · 꼬꼬떼 ·

가열 6시간

사골은 한꺼번에 많은 양을 끓일수록 진한 국물이 나온다. 하지만 스타우브를 이용하면 재료에서 나오는 수분과 맛을 잘 잡을 수 있으므로 비교적 적은 양의 사골과 고기로도 맛있는 사골국을 끓일 수 있다. 사골은 한 번 데쳐 사용하고, 양지머리는 찬물에 담가 핏물을 제거한다.

· ingredient ·

사골 1kg, **소고기(양지머리)** 300g, **송송 썬 대파** 적당량, **소금 · 후춧가루** 약간씩

· how to cook ·

1 ── 사골을 깨끗이 씻는다. 사골과 양지머리는 물에 담가 2시간 이상 핏물을 뺀다.
2 ── 끓는 물에 사골을 넣어 5분간 데치고 체에 밭쳐 흐르는 물에 헹군다.
3 ── 냄비에 사골을 담고 사골이 잠길 만큼 물을 부어 강불에서 끓인다.
4 ── 끓어오르면 뚜껑을 덮고 약불로 줄인다. 국물이 뽀얗게 우러나도록 5시간 정도 뭉근히 끓인다.
5 ── 국물을 차게 식힌 다음 위에 뜬 기름기를 걷어낸다.
6 ── 5에 양지머리를 넣어 끓인다.
7 ── 양지머리를 건져 얇게 편으로 썰고, 송송 썬 대파와 소금, 후춧가루로 간을 한다.

tip ★

★ 한 번 우려낸 사골은 버리지 말고 다시 물을 부어 끓이세요. 두세 번 정도 국물을 낼 수 있어요.

뽀얗게 우러난 국물에 밥 한 그릇 말아 먹으면 힘이 절로 나요

클램차우더 · 4인분 · 꼬꼬떼 ·

가열 30분

부드러운 감자에 감칠맛이 풍부한 바지락 육수를 더하여 클램차우더를 만들었다. 오래 익혀 재료 본연의 맛을 뽑아내기 위해선 두툼한 스타우브가 제격. 바삭하게 구운 바게트를 곁들여 포인트를 준다.

· ingredient ·

바지락 200g, **감자** 200g, **양파** 1/4개, **버터** 10g, **물** 2컵, **우유** 1컵, **생크림** 1/2컵,
파르메산치즈 가루 · **소금** · **후춧가루** 약간씩

· how to cook ·

1 ―――― 물과 바지락을 10분간 끓여 육수를 내고 체에 거른다.
2 ―――― 바지락은 조갯살을 발라 준비한다.
3 ―――― 다진 양파를 버터에 볶아 향을 내고 얇게 편으로 썬 감자를 넣어 볶는다.
4 ―――― 3에 1의 육수를 1.5컵 붓고 뚜껑을 덮어 중불에서 끓인다.
5 ―――― 감자가 부드럽게 익으면 핸드블렌더로 곱게 간다.
6 ―――― 우유와 생크림을 넣고 약불에서 한소끔 끓인다. 너무 되직하면 남은 육수를 넣어 농도를 조절한다.
7 ―――― 2의 조갯살을 넣고 파르메산치즈 가루, 소금, 후춧가루로 간을 한다.

든든한 아침으로도, 으슬으슬 감기 기운이 있을 때도 좋은 따뜻한 한 그릇 요리.

밀푀유전골 · 4인분 · 전골냄비 ·

가열 30분

두툼한 전골냄비 안에 배추, 푸른 잎 채소, 소고기가 차곡차곡 담겨 보글보글 끓고 있다. 예쁜 그림 같은 요리, 밀푀유전골이다. 육수는 부족할 때마다 보충하고, 부드럽게 익은 재료들은 담백한 달걀 소스에 찍어 먹는다. 재료 맛이 충분히 밴 육수에 칼국수나 죽을 끓여 먹어도 좋다.

· ingredient ·

알배추 9장, **얇게 저민 소고기** 300g, **청경채** 6개, **표고버섯** 2개, **소금 · 국간장** 약간씩

국물용 육수 **물** 6컵, **양파** 1/4개, **대파** 1대, **다시마** 사방 10cm 1장, **통후추** 1/2작은술, **무** 3cm 1토막

달걀 소스 **달걀노른자** 4개, **폰스** 2큰술, **통깨 · 종종 썬 실파** 약간씩

· how to cook ·

1 ——— 국물용 육수 재료를 15분간 끓이고 건더기는 건져낸다.

2 ——— 알배추 〉 소고기 〉 청경채 〉 알배추 〉 소고기 〉 청경채 〉 알배추 순으로 포개어 쌓는다.

3 ——— 냄비 깊이를 가늠해 2를 3, 4등분으로 자르고 냄비에 빼곡하게 세워 담는다.

4 ——— 표고버섯을 가운데 넣고 육수를 부어 끓인다.

5 ——— 중간중간 거품은 걷어내고 소금, 국간장으로 간을 한다.

6 ——— 달걀노른자에 폰스, 통깨, 종종 썬 실파를 올려 소스를 만든다.

tip ★

★ 육수를 넉넉하게 만들어 두면 부족할 때마다 부어서 끓여 먹을 수 있어요.

누룽지삼계탕 · 2인분 · 꼬꼬떼 ·

가열 40분

뽀얗고 진한 맛을 내기 위해 두툼한 냄비에 닭을 통째로 넣고 푹푹 끓인다. 여기에 황기, 대추 등의 약재로 은은한 향을 낸다. 닭 속에 찹쌀을 넣어 끓이는 것도 좋지만, 마지막에 누룽지를 넣으면 바삭한 식감과 더불어 구수한 맛이 한층 살아난다.

· ingredient ·

닭(백숙용) 1마리, **대추** 3개, **깐 밤** 3개, **마늘** 5톨, **삼계탕 약재** 한 줌, **생강** 1/2톨, **대파** 2대, **누룽지** 적당량, **소금 · 후춧가루** 약간씩

· how to cook ·

1 ──── 닭은 속까지 깨끗이 씻어 냄비에 넣고 충분히 잠기도록 물을 붓는다.

2 ──── 대파 1대, 생강, 삼계탕 약재, 마늘을 넣는다.

3 ──── 중불에서 10분간 끓이다가 뚜껑을 덮고 약불로 줄여 20분간 끓인다.

4 ──── 삼계탕 약재, 대파, 생강을 건져내고 대추, 깐 밤을 넣고 10분간 끓인다.

5 ──── 누룽지를 알맞은 크기로 잘라 넣고 송송 썬 대파, 소금, 후춧가루로 간을 한다.

2 | 4-1 | 4-2 | 5

육개장

· 3인분 · 전골냄비 ·

가열 40분

고기의 진한 육수가 우러나와야 제맛을 내는 육개장. 적은 양을 끓이면 왠지 원하는 맛이 나오지 않을 것 같은데…. 이럴 때 재료의 맛을 충분히 뽑아주는 스타우브 냄비를 쓰면 좋다. 며칠 두고 먹을 많은 양이 아닌 한 끼 양만 끓여 맛있게 먹을 수 있다.

· ingredient ·

소고기 400g, **물** 6컵, **대파** 5대, **마늘** 3톨, **생강** 1/2톨, **삶은 토란대** 1컵, **국간장** 2큰술, **소금 · 후춧가루** 약간씩

양념 **고춧가루 · 고추기름** 3큰술씩, **참기름** 1큰술, **다진 마늘** 1큰술, **소금 · 후춧가루** 약간씩

· how to cook ·

1 ――― 소고기는 3~4토막으로 자르고 물에 담가 핏물을 제거한다.

2 ――― 냄비에 소고기, 대파 1대, 마늘, 생강을 넣고 물을 부은 다음 뚜껑을 덮어 20분간 끓인다.

3 ――― 소고기를 건져 잘게 찢고, 양념 재료를 넣어 버무린다.

4 ――― 토란대는 7cm 길이로, 대파 4대는 5cm 길이로 자른다.

5 ――― 2에 양념한 소고기, 토란대, 대파를 넣어 끓인다.

6 ――― 뚜껑을 덮고 약불에서 20분간 끓인 다음 국간장, 소금, 후춧가루로 간을 한다.

tip ★

★ 취향에 따라
고사리, 숙주 등을 넣어도 좋아요.

진한 육수와 푸짐한 건더기가 매력적인 육개장.
쌀쌀한 날씨에 보양식으로 최고예요.

소시지 카레 · 2인분 · 꼬꼬떼 ·

가열
30분

3분 안에 뚝딱 해결되는 인스턴트가 아닌, 볶은 양파의 단맛과 풍미가 은은하게 배어 있는 카레. 양파를 캐러멜색이 되도록 볶으려면 재료가 잘 달라붙지 않고 쉽게 타지 않는 냄비가 필요하다. 보글보글 끓는 두툼한 냄비에서 카레 한 국자를 떠서 밥 위에 얹어 보자.

· ingredient ·

소시지 2개, **양파** 1개, **물** 3컵, **고형 카레** 3조각, **기름 · 고수** 약간씩

· how to cook ·

1 ____ 소시지는 칼집을 내고 기름을 두른 냄비에 노릇하게 구워 낸다.
2 ____ 같은 냄비에 다진 양파를 넣고 약불에서 갈색이 되도록 정성껏 볶는다.
3 ____ 양파가 갈색이 되고 부드러워지면, 물, 고형 카레를 넣고 걸쭉해질 때까지 끓인다.
4 ____ 소시지를 카레 위에 올린 다음 고수를 얹어 낸다.

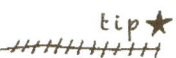

★ 원하는 채소를 넣거나
소시지 대신에 돈가스, 튀김 등
좋아하는 토핑을 얹어 보세요.
★ 고수가 입맛에 맞지 않으면
빼도 괜찮아요.

1 2 3

여러 가지 재료를 넣지 않아도 달콤한 양파 맛으로 충분해요.

수제비매운탕 · 2~3 인분 · 꼬꼬떼 ·

처음에는 우연히 숟가락에 걸려 올라왔지만, 맛을 본 뒤로는 일부러 골라 먹을 만큼 매운탕 속 수제비는 맛있다. 냄비째 식탁에 올려 오랫동안 보글보글 끓이며 먹자. 반죽이 번거롭다면 떡국 떡이나 시판하는 수제비로 대체해도 괜찮다.

· ingredient ·

대구 1마리, **바지락** 200g, **무** 3cm 1토막, **양파** 1/4개, **청양고추 · 홍고추** 1개씩, **쑥갓** 한 줌, **물** 4컵,

소금 · 후춧가루 약간씩

수제비 밀가루 1컵, **소금** 약간, **따뜻한 물** 적당량

양념 고춧가루 2큰술, **고추장** 2작은술, **국간장 · 맛술** 1큰술씩, **다진 마늘** 2작은술

· how to cook ·

1 ───── 대구는 깨끗하게 손질한 다음 먹기 좋은 크기로 토막 낸다.

2 ───── 냄비에 물, 바지락, 나박썰기한 무를 넣고 뚜껑을 반쯤 덮어 중불에서 10분간 끓인다.

3 ───── 토막 낸 대구를 넣고 뚜껑을 연 상태로 중불에서 5분간 더 끓인다.

4 ───── 양념과 도톰하게 썬 양파를 넣은 다음 뚜껑을 반쯤 덮어 약불에서 10분간 끓인다.

5 ───── 수제비 재료를 따뜻한 물로 반죽한 다음 얇게 떼어 3에 넣고 중불에서 5분간 끓인다.

6 ───── 쑥갓과 어슷 썬 청양고추, 홍고추를 넣고 소금, 후춧가루로 간을 한다.

짬뽕탕 · 2인분 · 꼬꼬떼 ·

가열 30분

땀방울이 송골송골 맺힐 정도로 맵지만, 자꾸 숟가락이 가는 얼큰한 국물. 비결은 고춧가루를 고추기름에 제대로 볶는 것. 탕으로 먹어도 좋고 밥 위에 부어 먹어도 좋다. 칼국수 면을 삶아서 넣고 한소끔 끓이면 짬뽕 칼국수로 변신하는 만능요리다.

· ingredient ·

새우(중하) 6개, **오징어** 1마리, **홍합** 100g, **다진 돼지고기** 3큰술, **양파** 1/4개, **호박** 1/4개, **배추 잎** 2장, **마른 홍고추** 1개, **간장** 2작은술, **맛술** 1큰술, **고추기름** 2큰술, **고춧가루** 2큰술, **굴소스** 1큰술, **물** 3.5컵, **대파 · 마늘 · 생강 · 소금 · 후춧가루** 약간씩

· how to cook ·

1 ——— 새우는 껍질을 벗기고, 머리 부분을 따로 떼어 내어 물에 10분간 끓여 육수를 만든다.

2 ——— 오징어는 내장을 제거하고 칼집을 낸 다음 알맞은 크기로 자른다.

3 ——— 양파, 호박, 배추 잎은 알맞은 크기로 자르고 마른 홍고추는 어슷 썬다.

4 ——— 고추기름을 두른 냄비에 2의 마른 홍고추와 마늘, 생강, 대파를 채 썰어 넣고 약불에서 향이 나도록 볶는다.

5 ——— 이어서 간장과 맛술, 다진 돼지고기를 넣어 볶는다.

6 ——— 양파, 호박, 배추 잎을 넣어 볶는다.

7 ——— 고춧가루를 넣고 충분히 볶다가 홍합, 새우, 오징어, 굴소스를 넣어 볶는다.

8 ——— 1의 육수를 3컵 붓고 뚜껑을 반만 덮어 10분간 끓인다.

9 ——— 소금, 후춧가루로 간을 한다.

5 6 7 8

PART
3
STAUB RECIPE

스타우브로 조리고

조림은 시간을 들여 익히면서 양념이 재료 안에 스며들게 하는 음식이다. 재료와 양념의 조화가 매우 중요할 뿐만 아니라 재료가 마르지 않고 촉촉하면서도 윤기 나게 조려져야 한다. 스타우브는 익히는 데 시간이 오래 걸리는 뿌리 채소, 살이 부서지기 쉬운 생선, 깊은 맛을 유지해야 하는 육류의 조림에 제격이다.

연근조림 · 2인분 · 꼬꼬떼 ·

가열
40분

쫄깃하고 윤기 나는 갈색 연근 하나를 따뜻한 밥 위에 올려 먹으면 이만한 반찬은 없다는 생각이 절로 든다. 연근은 쫄깃하게 조리는 데 시간이 오래 걸리므로 양념을 넣지 않은 채 먼저 푹 익히는 것이 중요하다. 쫄깃한 식감보다 아삭한 식감을 좋아한다면 연근을 익히는 시간을 반으로 줄인다.

· ingredient ·

연근 15cm 1개, **물** 적당량, **올리고당** 2큰술, **참기름 · 통깨 · 식초** 약간씩

양념 **간장** 3큰술, **설탕** 2큰술, **맛술** 1큰술, **기름** 1큰술

· how to cook ·

1 ──── 연근은 껍질을 벗겨 0.7cm 두께로 썬다. 이때 갈변이 되지 않도록 식초물에 담가 놓는다.

2 ──── 냄비에 1의 연근을 넣고, 연근이 잠길 만큼 물을 붓는다.

3 ──── 뚜껑을 덮어 15분간 끓인다.

4 ──── 연근이 부드러워지면 양념을 넣고 뚜껑을 반쯤 덮어 10분간 졸인다.

5 ──── 연근에 색이 배고 국물이 자작해지면 불을 끄고 올리고당, 참기름, 통깨를 넣어 마무리한다.

tip ★

★ 연근을 먼저 삶지 않고 처음부터 양념을 넣어 졸이면 양념이 탈 수 있어요.

★ 국물이 줄어들 때쯤 물엿이나 올리고당을 넣어야 연근이 윤기 나고 촉촉해져요.

🌿 뿌리채소의 씹는 맛을 제대로 즐길 수 있는 연근조림

알감자조림

• 3~4인분 • 꼬꼬떼 •

가열 30분

동글동글 앙증맞은 알감자 조림은 보기만 해도 즐거운 반찬이다. 껍질째 감자를 조리기 때문에 쫄깃한 껍질과 부드럽고 보송보송한 감자의 밸런스가 매우 좋다. 감자가 속까지 부드럽게 익고 양념이 고루 배기 위해서는 열이 냄비 안에 고르게 퍼져야 한다.

· ingredient ·

알감자 20개, **기름** 1큰술, **참기름 · 통깨** 약간씩

양념 간장 3큰술, 올리고당 2큰술, 물 1컵, **소금 · 후춧가루** 약간씩

· how to cook ·

1 ⎯⎯ 알감자는 껍질째 깨끗이 씻어 준비하고 양념은 미리 섞어둔다.

2 ⎯⎯ 기름을 두른 냄비에 알감자를 넣고 가볍게 볶는다.

3 ⎯⎯ 감자가 어느 정도 익으면 양념을 붓고 잘 섞는다.

4 ⎯⎯ 뚜껑을 덮어 약불에서 20분간 조린다.

5 ⎯⎯ 색이 어느 정도 나면 뚜껑을 열고 조린다. 참기름과 통깨를 뿌린다.

★ 감자는 작고 크기가 비슷한 것을 사야 조리할 때 편해요.

★ 조리용 수세미를 이용해 감자 껍질을 살살 문질러 씻으세요.

1 2 3 5

데미햄버거조림

• 3인분 • 꼬꼬떼 •

가열 15분
∨
뜸 5분

진한 풍미의 데미그라스소스를 듬뿍 넣어 조린 햄버거. 햄버거 패티를 오븐에 굽는 대신 뚜껑을 덮은 스타우브에 구우면 속까지 촉촉해진다. 위에 치즈를 올려 아이와 어른이 함께 먹을 수 있는 일품요리로 완성해 보자.

· ingredient ·

소고기(다짐육) 200g, **돼지고기(다짐육)** 100g, **양파** 1/2개, **빵가루** 10g, **달걀물** 10g, **슬라이스 모차렐라치즈** 3장, **이탈리안 파슬리 · 파슬리가루 · 소금 · 후춧가루 · 기름** 약간씩

양념 데미그라스소스(시판용) 60g, **토마토케첩** 20g, **우스터소스(시판용)** 10g, **맛술** 10g, **설탕** 10g, **물** 1/3컵

· how to cook ·

1 ──── 기름을 두른 냄비에 다진 양파를 넣고 갈색이 되도록 볶는다.
2 ──── 소고기와 돼지고기를 푸드프로세서에서 곱게 간다.
3 ──── 1과 2, 빵가루, 달걀물, 소금, 후춧가루, 파슬리가루를 넣어 반죽한다.
4 ──── 햄버거 패티를 지름 7cm 정도로 동그랗게 빚는다.
5 ──── 기름을 두른 냄비에 앞뒤를 갈색으로 구운 다음 뚜껑을 덮고 약불에서 10분간 익힌다.
6 ──── 양념을 섞어 넣고 뚜껑을 연 상태로 조린다.
7 ──── 양념이 반으로 줄어들면 불을 끄고 슬라이스 모차렐라치즈와 다진 이탈리안 파슬리를 뿌려 5분간 그대로 둔다.

★ 양념을 만들기 번거로우면 시판용 스테이크소스를 사서 가볍게 조려도 좋아요.

두부조림

· 2~3인분 · 베이비윅 ·

가열 15분
뜸 5분

두부를 두툼하게 잘라 투박한 뚝배기에 보글보글 끓여주셨던 할머니의 두부조림이 그립다면, 그 추억의 맛을 스타우브로 재현해 보는 건 어떨까. 부드러운 두부에 짭조름한 양파채와 파채를 곁들여 먹어도 좋다.

· ingredient ·

두부 1모, **양파** 1개, **대파** 2대

양념 **간장** 2큰술, **고춧가루 · 맛술** 2큰술씩, **설탕 · 올리고당** 1큰술씩, **다진 마늘** 1작은술, **물** 1/2컵,

통깨 · 후춧가루 약간씩

· how to cook ·

1 ──── 양파는 굵직하게 채 썰어 냄비 바닥에 넓게 깐다.

2 ──── 두부는 이등분한 다음 1cm 두께로 썰어 양파 위에 올리고 양념을 섞어 얹는다.

3 ──── 뚜껑을 덮어 중불에서 5분, 약불에서 10분간 조린다.

4 ──── 불을 끄고 채 썬 대파를 올린다. 그대로 뚜껑을 덮어 5분간 뜸을 들인다.

tip ★

★ 두부를 기름에 노릇하게 부쳐서 조리면 좀 더 고소하게 즐길 수 있어요.

1 | 2

닭볶음탕

· 3인분 · 꼬꼬떼 ·

가열
30분

동글동글하게 뭉개진 감자와 당근으로 걸쭉해진 매콤한 국물이 일품이다. 닭고기 살을 적셔 먹어도 좋고, 밥에 비벼 먹어도 맛있다. 냄비째로 식탁 위에 올리면 식사 내내 따끈한 상태로 먹을 수 있다. 국물의 양은 취향에 따라 조절한다.

· ingredient ·

닭(토막) 1마리, **감자** 2개, **당근 · 양파** 1/2개씩, **청양고추 · 홍고추** 1개씩, **대파** 2대
양념 **고추장** 3큰술, **간장 · 고춧가루 · 다진 파** 2큰술씩, **맛술 · 설탕 · 올리고당 · 다진 마늘** 1큰술씩,
다진 생강 1/2작은술, **소금 · 후춧가루** 약간씩

· how to cook ·

1 ───── 닭은 체에 올리고 끓는 물을 끼얹어 불순물을 제거한다.
2 ───── 감자는 4등분하고, 당근은 감자와 비슷한 모양으로 썬다.
3 ───── 냄비에 닭, 감자, 당근을 담고 양념을 넣어 버무린다.
4 ───── 닭이 반 정도 잠길 만큼 물을 붓고 뚜껑을 덮어 중불에서 10분, 약불에서 15분간 끓인다.
5 ───── 뚜껑을 열고 한입 크기로 자른 양파, 어슷 썬 고추와 대파를 넣는다.
6 ───── 국물을 끼얹으며 자작하게 졸인다.

1　　3　4-1　4-2　5　6

고등어조림

• 2~3인분 • 전골냄비 •

가열 30분

생선조림 하나면 다른 반찬은 필요 없을 정도다. 고등어도 좋고, 꽁치도 좋고, 삼치도 좋다. 조리 과정은 같지만 생선마다 지닌 고유의 맛을 다양하게 맛볼 수 있다. 처음에 뚜껑을 완전히 덮지 않고 익히면 생선의 비린내를 잡을 수 있다.

· ingredient ·

고등어 1마리, **무** 5cm 1토막, **대파** 2대, **다시마 육수** 1/2컵

양념 고춧가루 · 고추장 2큰술씩, 간장 · 다진 마늘 · 설탕 · 맛술 · 올리고당 1큰술씩, 후춧가루 약간

· how to cook ·

1 ——— 무는 1cm 두께로 반달썰기해 냄비 바닥에 넓게 깐다.

2 ——— 손질한 고등어는 5~6cm 길이로 토막 내어 무 위에 올린다.

3 ——— 고등어 위에 양념을 섞어 얹고, 어슷 썬 대파를 올린다.

4 ——— 다시마 육수를 가장자리에 둘러 부은 다음, 뚜껑을 반 정도 덮어 중불에서 5분간 끓인다.

5 ——— 뚜껑을 덮고 10분 더 끓인다.

6 ——— 뚜껑을 열고 약불에서 국물을 끼얹어가며 조린다.

tip ★

★ 다시마 육수 대신
물을 넣어도 좋아요.

보글보글, 지글지글. 뚜껑 너머로 요리가 맛있어지는 소리가 들리나요?
조금만 기다리면 기대만큼 맛있는 요리가 나올 거예요.

달걀장조림

· 만들기 쉬운 분량 · 꼬꼬떼 ·

가열
40분

장조림은 고기를 국물에 자작자작하게 조려야 저장해 놓고 먹을 수 있는 밑반찬이 된다. 고기가 질기지 않게 하려면 먼저 뚜껑을 덮어 충분히 익힌 다음 양념을 넣고 조려야 한다. 고기 속까지 까맣게 조리는 것보다 조림 국물에 적셔 먹는 것이 더욱 맛있다. 달걀 대신 메추리알을 사용해도 좋다.

· ingredient ·

소고기(홍두깨살) 600g, **삶은 달걀** 4개, **대파** 1대, **마른 홍고추** 1개, **마늘** 3~4톨, **생강** 1/2톨, **물** 2.5컵, **간장** 1/4컵, **설탕** 1/4컵

· how to cook ·

1 _____ 소고기는 알맞은 크기로 토막 내고 찬물에 30분간 담가 핏물을 제거한다.

2 _____ 냄비에 소고기, 물, 이등분한 대파, 마른 홍고추, 마늘, 생강을 넣고 중불에서 5분간 끓인다.

3 _____ 대파가 물렁해지면 대파, 마른 홍고추, 마늘, 생강을 건져내고 뚜껑을 덮어 약불에서 15분간 끓인다.

4 _____ 국물이 반 정도로 줄어들면 간장, 설탕, 삶은 달걀을 넣는다.

5 _____ 고기에 색이 배고 국물이 바닥에서 2cm 정도 남을 때까지 졸인다.

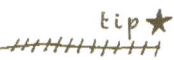

★ 아이를 위한 반찬일 경우 마른 홍고추는 빼 주세요.
★ 요리를 완성하면 소고기가 조림 국물에 잠기도록 가늘게 찢어 보관하세요.

2　3　4-1　4-2

동파육 · 2~3인분 · 꼬꼬떼 ·

가열 40분

삼겹살로 동파육을 만들어 보들보들하게 즐겨 보자. 동파육은 고기 겉부분이 바삭하고 갈색이 나도록 흑설탕으로 살짝 굽는 것이 비법. 겉은 바삭하고 속은 부드러운 삼겹살 위에 짭짤한 소스를 듬뿍 얹어 먹는다. 청경채를 아삭하게 데쳐 곁들이면 궁합이 좋다.

· ingredient ·

삼겹살 400g, **월계수잎** 2장, **마늘** 3톨, **생강** 1톨, **청양고추** 2개, **대파** 1대, **기름** 1큰술, **흑설탕** 1작은술,

청경채 6개, **물전분** 2큰술, **물** 3컵

양념 간장 3큰술, 맛술 1큰술, 굴소스 2작은술, 설탕 2큰술, 마늘 · 생강 · 후춧가루 약간씩

· how to cook ·

1 ――― 냄비에 삼겹살, 월계수잎, 마늘, 생강, 청양고추, 대파를 담고 삼겹살이 잠길 정도로 물을 붓는다.

2 ――― 뚜껑을 덮어 중불에서 5분, 약불에서 10분간 삶는다.

3 ――― 삼겹살은 체에 밭쳐 물기를 제거하고, 국물은 거른다.

4 ――― 냄비에 기름과 흑설탕을 넣고 중불에서 삼겹살을 노릇하게 굽는다.

5 ――― 냄비의 기름을 닦아내고 3에서 걸러 낸 국물 2컵과 양념을 넣어 약불에서 10분간 졸인다. 이때 뚜껑은 덮는다.

6 ――― 뚜껑을 열고 색이 배도록 국물을 끼얹으며 졸이다가 삼겹살을 건져낸다.

7 ――― 국물에 물전분을 넣어 걸쭉하게 만든다.

8 ――― 삼겹살이 한 김 식으면 알맞은 두께로 썰고 7을 얹는다.

9 ――― 청경채를 끓는 물에 살짝 데쳐 곁들인다.

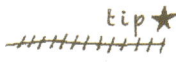
tip

★ 물전분은
전분가루와 물을 1:1 비율로
섞어 만들어요.
요리에 넣을 때는
조금씩 나눠 섞어 농도를 맞추세요.

PART

4

STAUB RECIPE

스타우브로 볶고

———

볶음 요리는 뜨겁게 달군 팬에 재료와 양념을 넣고 재빨리 볶아야 한다. 그래야 열기가 지속돼 재료의 맛과 수분이 빠져 나오지 않는다. 팬이나 냄비를 중불에서 충분히 달구어 쓰면 재료도 쉽게 눌어붙지 않는다. 수분이 적은 재료를 볶을 때는 먼저 냄비에 기름을 살짝 바르면 좋다. 촉촉하게 볶아야 하는 메뉴는 수분이 냄비나 팬 안에 모이도록 뚜껑을 덮어 조리한다.

주꾸미 볶음 · 2인분 · 그릴팬 ·

가열
15분

달군 팬에서 단시간에 볶아야 주꾸미가 부드럽다. 국물 없이 바짝 볶으려면 주꾸미를 먼저 살짝 데친 다음 양념으로 버무려 볶는다. 주꾸미 대신 오징어, 낙지로 만들어도 좋다.

· ingredient ·

주꾸미 10마리, **깻잎** 5장, **홍고추** 1개, **기름** · **밀가루** 약간씩

양념 생강즙 2작은술, **고추장** · **고춧가루** · **다진 파** · **맛술** 2큰술씩, **간장** · **설탕** · **다진 마늘** 1.5큰술씩

· how to cook ·

1 ─── 주꾸미는 몸통 부분을 잘라서 속에 먹통을 떼어내고 밀가루로 바락바락 주물러 씻는다.

2 ─── 준비한 양념을 섞어 주꾸미에 버무린 다음 30분 이상 재운다.

3 ─── 팬에 기름을 둘러 달구고 주꾸미를 굽듯이 볶는다.

4 ─── 듬성듬성 자른 깻잎과 어슷 썬 홍고추를 넣는다.

★ 시간이 없을 때는 주꾸미를 재우지 말고 바로 양념을 넣어 볶으세요.

| 1 | 2 |
| 3 | 4 |

지글지글 익는 소리, 은은하게 퍼지는 매콤한 향, 입 안에 도는 군침.

잡채

· 2인분 · 꼬꼬떼 ·

가열
15분

만드는 데 은근히 손이 많이 가지만 항상 먹고 싶은 요리가 잡채다. 재료를 하나하나 익히는 방법 대신 당면을 부드럽게 불리고, 모든 재료를 비슷한 크기로 잘라 한꺼번에 넣어 익혀 보자. 익힌 재료에 촉촉한 양념을 버무려 쉽고 간편하게 완성할 수 있다.

· ingredient ·

당면 300g, **소고기** 100g, **양파** 1/2개, **당근** 1/4개, **표고버섯** 2장, **부추** 1줌, **후춧가루 · 기름** 약간씩

고기 양념 **간장 · 설탕** 1작은술씩, **다진 마늘 · 다진 파** 1/2작은술씩, **후춧가루 · 참기름** 약간씩

양념 **간장** 3큰술, **설탕** 2큰술씩, **굴소스 · 참기름** 1큰술씩, **소금 · 통깨** 약간씩

· how to cook ·

1 ──── 당면은 30분 이상 물에 담가 불린다.
2 ──── 소고기, 양파, 당근, 표고버섯을 얇게 채 썰고, 부추는 5cm 길이로 썬다.
3 ──── 고기 양념을 섞어 소고기에 버무린다.
4 ──── 기름을 두른 냄비에 양파, 당근, 표고버섯, 불린 당면, 소고기 순으로 올린다.
5 ──── 뚜껑을 덮고 약불에서 15분간 익힌다.
6 ──── 김이 나면 불을 끄고 양념, 부추, 후춧가루를 넣어 가볍게 버무린다.

🌿 부추가 처지지 않게 가볍게 섞어야 더 맛있어 보여요.

무나물

• 2~3 인분 • 꼬꼬떼 •

가열
15분

무나물은 곱게 채 썰어 부드럽고 촉촉하게 볶아야 한다. 잘못 볶으면 건조해지거나 타버릴 수 있다. 스타우브의 뚜껑을 덮고 약불로 가열하면 무의 수분만으로 부드럽고 촉촉하게 익는다. 마지막에 들기름으로 풍미를 더한다.

· ingredient ·

무 10cm 1토막, **기름** 1큰술, **들기름** 2큰술, **송송 썬 쪽파 · 통깨** 약간씩

양념 **다진 마늘** 1/2큰술, **소금** 1작은술

· how to cook ·

1 ____ 무는 얇게 채 썬다.

2 ____ 기름을 두른 냄비에 무를 넣고 중불에서 살짝 볶는다.

3 ____ 2에 양념을 넣어 버무린 다음 뚜껑을 덮고 약불에서 10분간 익힌다.

4 ____ 무가 부드러워지면 쪽파, 들기름, 통깨를 넣어 마무리한다.

2 | 3 | 4-1 | 4-2

마파두부

· 2인분 · 다용도팬 ·

가열 15분

산초가루, 고추기름, 두반장. 재료만 봐도 매콤한 맛이 느껴진다. 마파두부는 이렇듯 강렬한 양념과 부드럽고 순한 두부의 궁합이 좋은 요리다. 산초 가루가 익숙하지 않으면 빼도 좋다. 냄비째 식탁 위에 올려, 따뜻한 밥에 곁들여 먹는다.

· ingredient ·

두부 1/2모, **돼지고기(다짐육)** 100g, **청양고추** 2개, **홍고추** 1개, **다진 파 · 다진 마늘** 1/2큰술씩, **다진 생강** 1/2작은술, **두반장** 2큰술, **맛술 · 고추기름** 1큰술씩, **간장 · 설탕** 1/2큰술씩, **물전분** 2큰술, **기름 · 산초 가루** 약간씩, **물** 1.5컵

· how to cook ·

1 ____ 두부는 1cm 크기로 깍둑썰기하고 청양고추, 홍고추는 다진다.

2 ____ 기름을 두른 팬에 다진 마늘, 다진 파, 다진 생강을 볶아 향을 낸 다음 돼지고기를 넣어 볶는다.

3 ____ 간장과 맛술을 둘러 넣고 두반장, 설탕을 넣어 볶는다.

4 ____ 청양고추, 홍고추, 물 1.5컵을 넣어 한소끔 끓인 다음 물전분으로 걸쭉하게 만든다.

5 ____ 두부를 넣어 가볍게 섞는다.

6 ____ 산초 가루, 고추기름을 넣어 마무리한다.

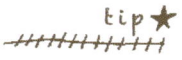

★ 물전분은
전분가루와 물을 1:1 비율로
섞어 만들어요.
요리에 넣을 때는
조금씩 나눠 섞어 농도를 맞추세요.

| 1 | 3-1 | 3-2 | 4 | 5 | 6 |

치즈마카로니 · 2인분 · 꼬꼬떼 ·

가열 20분

치즈를 많이 넣어도 질리지 않고 목 넘김이 부드럽다. 치즈마카로니는 특히 시원한 맥주와 잘 어울린다. 따뜻하게 먹어야 치즈의 풍미를 잘 느낄 수 있기 때문에, 열을 오래 보존하는 스타우브로 조리하는 것이 좋다. 치즈는 취향에 따라 바꿔도 된다.

· ingredient ·

마카로니 80g, **고다치즈** 30g, **체다치즈** 1장, **우유** 1.5컵, **파슬리가루** · **파르메산치즈 가루** · **소금** · **후춧가루** 약간씩
루 **버터** 1큰술, **밀가루** 1큰술

· how to cook ·

1 ——— 소금을 넣고 끓인 물에 마카로니를 8분간 삶는다.
2 ——— 삶은 마카로니는 체에 밭쳐 물기를 뺀다.
3 ——— 냄비에 버터를 녹인 다음 밀가루를 넣어 루를 만든다.
4 ——— 3에 마카로니를 넣어 가볍게 볶는다.
5 ——— 우유를 넣어 잘 섞어가며 중불에서 걸쭉하게 끓인다.
6 ——— 농도가 알맞으면 불을 끄고 고다치즈, 체다치즈를 넣어 녹인다.
7 ——— 파르메산치즈 가루, 파슬리가루, 소금, 후춧가루를 뿌린다.

tip ★

★ 삶은 마카로니는 찬물에 헹구지 마세요.
★ 루가 덩어리지지 않도록 정성껏 볶아 주세요.

닭갈비

· 2인분 · 다용도팬 ·

가열 20분

닭갈비는 충분히 달군 주물팬에 재빨리 굽듯이 볶는 것이 포인트다. 양념의 핵심은 카레 가루. 은은한 카레 향이 나는 닭갈비 양념에 밥을 비벼 먹어도 맛있다. 볶은 밥을 팬에 넓게 펴고 강불에서 3~4분 가열하면 노릇노릇 눌은 밥이 된다.

· ingredient ·

닭(다리살) 300g, **당근 · 고구마** 1/4개씩, **양배추** 3장, **떡** 2컵, **깻잎** 5장, **양파** 1/2개, **기름** 약간

양념 **고추장 · 물엿 · 맛술** 2큰술씩, **고춧가루 · 다진 마늘 · 설탕 · 카레 가루** 1큰술씩, **간장** 1.5큰술

· how to cook ·

1 ——— 양파는 굵직하게 채 썰고, 양배추와 깻잎은 듬성듬성, 당근과 고구마는 얇게 직각 모양으로 썬다.

2 ——— 한입 크기로 썬 닭고기에 양념을 넣어 버무린 다음 20분간 재운다.

3 ——— 기름을 두른 팬에 2의 닭고기를 넣어 볶다가 당근, 양파, 고구마, 양배추, 떡을 넣고 볶는다.

4 ——— 깻잎을 올려 마무리한다.

크림새우파스타

· 2인분 · 꼬꼬떼 ·

가열
20분

파스타를 따로 삶을 필요 없이 냄비에 재료, 소스와 함께 넣어 가열하면 끝. 냄비 안 재료들의 수분으로 파스타가 알덴테로 익는다. 그릇에 따로 담는 것보다 냄비째 식탁에 올리는 것이 멋스럽다. 너무 많은 양을 한꺼번에 요리하기보다는 그때그때 1~2인분씩 만들어 먹는 것이 좋다.

· ingredient ·

페투치네 2인분, **새우(중하)** 6마리, **다진 마늘** 1/2큰술, **양파** 1/4개, **화이트와인** 1/4컵, **생크림 · 물** 1/2컵씩,
우유 1컵, **올리브오일** 3큰술, **파르메산치즈 가루 · 소금 · 후춧가루 · 바질** 약간씩

· how to cook ·

1 ──── 올리브오일을 두른 냄비에 다진 마늘, 다진 양파를 볶아 향을 낸다.
2 ──── 새우는 꼬리만 두고 껍질을 벗긴 다음 화이트와인에 살짝 볶아 알코올을 날린다.
3 ──── 그 위에 페투치네를 평평하게 올린다.
4 ──── 우유 1컵, 물을 넣고 뚜껑을 덮어 약불에서 10분간 끓인다.
5 ──── 뚜껑을 열고 나머지 생크림을 넣고 잘 섞이도록 볶는다.
6 ──── 파르메산치즈 가루, 소금, 후춧가루를 넣어 간을 하고, 바질을 올린다.

tip ★

★ 알덴테(al dente)란
살짝 덜 익은 듯 삶는 것으로
파스타의 씹는 맛을 즐기기에
가장 적당한 정도를 말해요.

낙지떡볶이 · 2인분 · 다용도팬 ·

간식뿐만 아니라 일품요리, 안주로도 손색이 없는 메뉴다. 고추장을 줄이고 고춧가루를 넣어야 얼큰한 맛을 낼 수 있다. 낙지는 부드럽게 익히기 위해 조리 마지막에 넣어야 한다. 떡볶이 떡 대신 떡국 떡, 우동면 등을 넣어도 좋다.

가열 15분

· ingredient ·

낙지 2마리, **떡볶이 떡** 200g, **양파** 1/4개, **양배추** 4장, **홍고추 · 청양고추** 1개씩, **물** 1/3컵, **기름 · 통깨** 약간씩

양념 **고춧가루** 2큰술, **간장 · 설탕 · 올리고당** 1큰술씩, **다진 마늘 · 고추장** 1/2큰술씩, **소금 · 후춧가루** 약간씩

· how to cook ·

1 ——— 낙지는 머리 부분을 손질하고 7~8cm 길이로 자른다.

2 ——— 양념은 미리 섞어 두고 양파, 양배추는 떡과 비슷한 크기로 썰고 고추는 어슷 썬다.

3 ——— 기름을 두른 팬에 양파, 떡볶이 떡, 양배추, 2에서 섞어 둔 양념을 넣어 볶는다.

4 ——— 물과 낙지를 넣고 뚜껑을 덮어 약불에서 5분간 끓인다.

5 ——— 뚜껑을 열고 고추를 넣어 볶다가 통깨를 뿌려 마무리한다.

tip ★

★ 스타우브 다용도팬은 뚜껑이 없어요. 팬 크기에 맞는 다른 뚜껑을 찾아 사용하세요.

1 3 4 5

PART
5
STAUB RECIPE

스타우브로 찌고

찜은 물을 최대한 적게 사용하여 재료 본연의 맛을 살리는 요리다. 재료가 마르지 않게 푹 익히려면 뚜껑을 덮고 약불로, 혹은 약불과 중불 사이에서 가열해야 한다. 스타우브를 사용하면 재료 자체의 수분과 조리 열이 냄비 안에 고르게 퍼져 초보자도 손쉽게 맛있는 찜 요리를 할 수 있다.

수육

· 4인분 · 꼬꼬떼 ·

가열 1시간

가정에서는 보통 수육을 할 때 고기가 잠길 정도로 물을 붓는다. 원하는 수육은 얻을 수 있지만 고기의 맛있는 요소들이 물로 빠져나가버리는 것이 문제. 따라서 육수를 낼 생각이 아니라면 가능한 한 물을 적게 사용하는 것이 좋다. 스타우브를 쓰면 약간의 물과 재료의 수분만으로 맛있는 수육을 만들 수 있다.

· ingredient ·

통삼겹살 800g, **양파** 2개, **대파** 4대, **통마늘** 5톨, **통후추** 5알, **월계수잎** 3장, **청주** 1/3컵, **물** 1/2컵

· how to cook ·

1 ── 양파는 1cm 두께로 링 모양으로 썬다.
2 ── 1의 양파를 냄비 바닥에 평평하게 깔고 그 위에 통삼겹살을 올린다.
3 ── 통마늘, 통후추, 월계수잎을 올리고 청주와 물을 냄비 가장자리에 붓는다.
4 ── 대파를 가로 방향으로 반 갈라 통삼겹살 위에 올린다.
5 ── 뚜껑을 덮고 약불에서 1시간 정도 익힌다. 한 김 식으면 도톰하게 썰어낸다.

tip ★

★ 무생채, 무말랭이무침 등을 곁들여 먹으면 좋아요.

뚜껑을 열면 부드럽고 쫄깃한 수육이 모습을 드러내요.

닭봉찜 · 2인분 · 꼬꼬떼

가열
30분

닭봉찜을 할 때는 당면을 물에 충분히 불리는 것이 중요하다. 당면은 익는 과정에서 많은 수분이 필요한데, 제대로 불려 놓지 않으면 다른 재료의 수분을 빨아들여 요리가 자칫 탈 수 있다. 요리를 할 때는 뚜껑을 덮고 약불과 중불로 뭉근히 가열한다. 닭고기는 다른 부위를 써도 괜찮다.

· ingredient ·

닭봉 300g, **당면** 100g, **감자** 1개, **당근** · **양파** 1/4개씩, **대파** 1대, **마른 홍고추** 1개, **다진 마늘** 1작은 술, **기름** 1큰술, **맛술** · **소금** · **후춧가루** 약간씩

양념 물 1.5컵, **간장** 3큰술, **맛술** 2큰술, **설탕** · **올리고당** 1큰술씩, **다진 생강** 1/2작은술

· how to cook ·

1 ──── 닭봉에 맛술, 소금, 후춧가루를 뿌려 밑간을 한다.
2 ──── 당면은 찬물에 담가 30분 정도 불리고 감자, 당근, 양파는 한입 크기로 자른다.
3 ──── 기름을 두른 냄비에 채 썬 대파, 어슷 썬 마른 고추, 다진 마늘을 볶아 향을 낸 다음 닭봉을 넣고 중불에서 볶는다.
4 ──── 감자, 당근, 양파와 양념을 넣고 뚜껑을 덮어 중불에서 5분, 약불에서 10분간 끓인다.
5 ──── 당면을 넣고 뚜껑을 덮어 약불에서 5분간 졸인다.
6 ──── 뚜껑을 열고 국물이 자작해질 때까지 조린다.

165　Part 5 · STAUB RECIPE

달걀찜 · 2인분 · 베이비윅 ·

가열 10분
∨ ∨
뜸 5분

반찬이 없을 때 뚝딱 만들어 먹을 수 있는 간편 메뉴. 달걀과 육수를 섞어 냄비에 붓고 불 위에 올려 찐다. 보송보송하게 부푼 부드러운 달걀찜을 만들고 싶다면 먼저 육수를 팔팔 끓인 다음 달걀을 푼다.

· ingredient ·

달걀 2개, **새우살** 1/3컵, **다시마 육수** 1컵, **송송 썬 실파** · **소금** 약간씩

· how to cook ·

1 ⎯⎯ 달걀과 다시마 육수를 섞은 다음 소금을 넣어 간을 한다.

2 ⎯⎯ 냄비에 1을 붓고 뚜껑을 덮어 중불에서 5분간 끓인다.

3 ⎯⎯ 약불로 줄여 4분간 익힌다.

4 ⎯⎯ 송송 썬 새우살과 실파를 위에 올리고 뚜껑을 덮어 5분간 뜸을 들인다.

tip ★

★ 새우살 대신
맛살, 명란, 날치알 등을 넣어도 좋아요.

🍃 달걀찜 한 스푼에 새우와 실파를 올려 먹는 재미가 쏠쏠하답니다.
편식하는 아이도 잘 먹어요.

갈비찜

• 3~4인분 • 꼬꼬떼 •

가열 50분

명절날, 잔칫날 즐겨 먹는 음식이다. 평소 한두 끼 먹을 만큼의 적은 양을 만들 때는 주물냄비를 사용하면 편하다. 부드럽고 촉촉한 갈비찜을 만들 수 있을 뿐 아니라 맛을 제대로 낼 수 있다. 갈비는 끓는 물에 살짝 데치고 찬물에 헹궈 누린내를 없앤 다음 요리한다.

· ingredient ·

소갈비 800g, **당근** 1개, **밤** 10개, **대추** 5알, **은행** 10알

양념 간장 · 올리고당 6큰술씩, **설탕** 4큰술, **양파즙** 3큰술, **맛술** 2큰술, **다진 마늘 · 참기름** 1큰술씩, **후춧가루** 약간

· how to cook ·

1 ──── 소갈비는 1시간 정도 찬물에 담가 핏물을 제거한다.

2 ──── 1의 소갈비를 끓는 물에 살짝 데친 다음 찬물에 헹궈 기름기를 제거한다.

3 ──── 양념을 섞어 소갈비에 버무리고 1시간 정도 재운다.

4 ──── 뚜껑을 덮어 중불에서 10분, 약불에서 20분간 끓인다.

5 ──── 당근, 밤, 대추를 넣고 약불에서 20분간 더 끓인다.

6 ──── 은행을 넣어 마무리한다.

tip ★

★ 당근을 오래 끓이면
뭉개질 수 있으므로
밤 모양처럼 둥글게 잘라 넣으세요.

2 | 3-1 | 3-2 | 5

등갈비김치찜

• 3~4인분 • 전골냄비 •

가열
40분

묵은지를 등갈비와 같이 뭉근히 끓인다. 묵은지가 없다면 잘 익은 배추김치 또는 총각김치를 써도 좋다. 특별한 양념 없이 김치만으로도 충분한 맛을 낼 수 있는 손쉽고 폼 나는 요리다.

· ingredient ·

등갈비 2대, **김치** 1/2포기, **김칫국물** 1/3컵, **다시마 육수** 1컵, **대파** 1대, **다진 마늘** 1큰술, **맛술** 2큰술, **들기름** 2큰술

· how to cook ·

1 ____ 등갈비를 찬물에 1시간 정도 담가 핏물을 제거한 다음 끓는 물에 데친다.
2 ____ 들기름을 두른 팬에 다진 마늘, 맛술, 등갈비를 넣어 노릇하게 굽다가 등갈비를 꺼낸다.
3 ____ 김치를 냄비 바닥에 깔고 등갈비를 얹는다.
4 ____ 다시마 육수, 김칫국물을 부어 중불에서 10분간 끓인다.
5 ____ 뚜껑을 덮고 약불로 줄여 30분간 끓인다.
6 ____ 어슷 썬 대파를 얹어 마무리한다.

tip ★

★ 다시마 육수 대신
물을 넣어도 좋아요.

와인홍합찜 · 2~3인분 · 꼬꼬떼 ·

가열 20분

홍합이 제철인 겨울에 만들면 살도 실하고 맛도 풍부하다. 매콤한 맛을 더하려면 마른 홍고추나 태국 고추를 넣으면 된다. 토마토소스를 넣어 끓이면 색다른 맛을 낼 수 있다. 와인과 함께하면 손색없는 안주가 된다.

· ingredient ·

홍합 30개, **방울토마토** 10개, **마른 홍고추** 2개, **마늘** 3톨, **화이트와인** 1컵, **올리브오일** 2큰술, **바질** 한 줌, **굵은 후춧가루** 약간

· how to cook ·

1 ──── 홍합은 수염을 옆으로 당겨 떼어낸 다음 깨끗이 씻는다.
2 ──── 마늘은 편으로 썰고, 마른 홍고추는 듬성듬성 가위로 자른다.
3 ──── 올리브오일을 두른 냄비에 마늘과 홍고추를 약불에서 볶아 향을 낸 다음 홍합과 방울토마토를 넣고 볶는다.
4 ──── 화이트와인을 넣고 한소끔 끓여 알코올을 날리고 뚜껑을 덮어 약불에서 10분간 끓인다.
5 ──── 굵은 후춧가루, 바질을 넣어 마무리한다.

양배추삼겹살찜

2~3인분 · 전골냄비

가열
20분

일명 대패 삼겹살이라고 불리는 얇은 돼지고기를 담백하게 쪄서 먹어 보자. 양배추, 깻잎, 당근을 사이사이에 넣고 개운한 맛의 소스를 위에 뿌려 낸다. 여럿이서 둘러앉아 하나씩 덜어 먹는 재미가 쏠쏠하다.

· ingredient ·

삼겹살 150g, **양배추** 10장, **깻잎** 5장, **당근** 1/4개, **생강즙 · 소금 · 후춧가루** 약간씩, **물전분** 1큰술, **물** 1/3컵
양념 간장 3큰술, 설탕 2큰술, 물 5큰술, 맛술 1큰술, 우스터소스 1작은술, **마늘가루 · 레몬즙** 1작은술씩

· how to cook ·

1. 삼겹살은 생강즙, 소금, 후춧가루를 뿌려 밑간한다.
2. 양배추는 한 장씩 떼어내고 깻잎은 이등분, 당근은 얇게 편으로 썬다.
3. 양배추 〉 깻잎 〉 삼겹살 〉 당근 〉 깻잎 〉 삼겹살 〉 당근 〉 양배추 순으로 포개어 쌓는다.
4. 3을 먹기 좋게 6~7cm 길이로 잘라 냄비에 담는다.
5. 물 1/3컵을 냄비 가장자리 쪽으로 붓고, 뚜껑을 덮어 약불에서 20분간 찐다.
6. 다른 냄비에 양념을 넣고 한소끔 끓인 다음 물전분으로 농도를 맞춘다.
7. 6의 소스를 양배추삼겹살찜 위에 얹는다.

★ 소스를 만드는 대신
시판용 데리야키소스를
사용해도 좋아요.
★ 물전분은
전분가루와 물을 1:1 비율로
섞어 만들어요.
요리에 넣을 때는
조금씩 나눠 섞어 농도를 맞추세요.

약불에서 20분간 찌면 아삭한 양배추와 부드러운 삼겹살을 즐길 수 있어요.

생선찜

· 2인분 · 다용도팬

가열
20분

광어, 도미, 가자미 같은 흰 살 생선도 좋고 연어도 좋다. 블랙올리브, 올리브오일, 케이퍼로 이국적인 맛을 내 보자. 생선을 먼저 구운 다음 찌듯이 익히면 겉은 바삭하고 안은 부드러워진다. 생선은 두껍지 않게 포를 떠서 익혀야 조리 시간을 줄일 수 있다.

· ingredient ·

가자미 2장, **모시조개** 10개, **방울토마토** 5개, **블랙올리브** 6개, **케이퍼** 1큰술, , **소금·후춧가루** 약간씩

화이트와인 1/2컵, **올리브오일** 2큰술, **고수** 약간

· how to cook ·

1 ───── 손질한 생선은 껍질 쪽에 X자로 칼집을 넣고 소금과 후춧가루로 밑간한다.

2 ───── 올리브오일 1큰술을 두른 팬에 생선을 올려 앞뒤로 노릇하게 굽는다. 이때 껍질 쪽을 먼저 구워야 바삭하고 살이 수축되지 않는다.

3 ───── 화이트와인을 부은 다음 방울토마토, 모시조개, 블랙올리브, 케이퍼를 넣고 강불에서 팬을 흔들어주며 끓인다.

4 ───── 뚜껑을 덮고 약불에서 10분간 끓이다가 모시조개가 입을 벌리면 뚜껑을 열고 국물을 끼얹어가며 익힌다.

5 ───── 다진 고수와 올리브오일 1큰술을 뿌려 마무리한다.

1	3
4	5

🍃 짭조름한 바다 향이 은은하게 퍼지는 일품요리. 부드러운 생선살이 입안에서 살살 녹아요.

PART

6

STAUB RECIPE

스타우브로 굽고

구이는 조림처럼 간단해 보이지만 막상 만들면 으깨지고 부서지기 쉽다. 겉은 바삭하면서 속은 촉촉하게 구우려면 팬을 뜨겁게 달궈야 한다. 그래야 재료 표면이 빠르게 익으면서 수분이 재료 안쪽에 머물게 된다. 스타우브는 블랙 매트 에나멜 코팅이 되어 있어 높은 온도에도 재료가 잘 눌어붙지 않으며, 노릇하고 맛있는 구이를 만들 수 있다.

대파스테이크 · 2인분 · 그릴팬 ·

가열 20분

대파를 기름에 구워 향을 낸 팬에 스테이크 요리를 하면 대파의 향이 고기에 은은하게 밴다. 소스를 뿌려도 대파 향이 남아 감칠맛이 더욱 살아난다. 스테이크는 만들기 간단하지만 구운 채소와 대파 정도만 곁들여도 멋스러운 일품요리로 변신한다.

· ingredient ·

소고기(스테이크용) 400g, **기름** 5큰술, **대파** 3대, **곁들임 채소(방울토마토, 방울양배추, 샬롯, 어린잎채소 등)** 적당량, **소금·후춧가루** 약간씩

스테이크 소스 토마토케첩 3큰술, 굴소스 1작은술, 청주·우스터소스 2큰술씩, 간장·설탕 1큰술씩, 물 1/2컵

· how to cook ·

1 ─── 기름을 넉넉하게 두른 팬에 5cm 길이로 자른 대파를 올려 노릇하게 굽는다.

2 ─── 대파는 건져내고 대파 향이 남아있는 팬에 소고기를 올린다.

3 ─── 소고기에 소금, 후춧가루를 뿌리면서 앞뒤로 굽는다.

4 ─── 방울토마토, 방울양배추, 샬롯은 소금, 후춧가루를 뿌려 노릇하게 굽는다.

5 ─── 소스 재료를 섞어 전자레인지에 1분간 돌린 다음 고기 위에 뿌린다.

6 ─── 대파와 어린잎채소를 곁들여 낸다.

tip ★

★ 소스를 만들기 어려울 때는 시판용 스테이크 소스를 사용하세요.

생강돼지고기구이 · 2인분 · 프라이팬

가열 15분

생강 향이 은은하게 풍기는 돼지고기구이다. 돼지고기를 얇게 편으로 썰기 어려우면 덩어리째 냉동실에서 1시간 정도 살짝 얼린 다음 썰면 된다. 달짝지근한 소스를 얹은 양배추, 깻잎과의 궁합도 매우 좋다.

· ingredient ·

돼지고기(등심) 250g, **찹쌀가루** 1/2컵, **양배추** 3장, **깻잎** 3장, **기름 · 소금 · 후춧가루** 약간씩

양념 간장 3큰술, **생강** 1톨, **양파** 1/6개, **맛술** 6큰술, **황설탕** 2작은술

· how to cook ·

1 ──── 돼지고기는 얇게 편으로 썰어 소금, 후춧가루를 뿌려 밑간한다.
2 ──── 찹쌀가루를 앞뒤로 가볍게 묻힌다.
3 ──── 팬에 기름을 살짝 두르고 2의 돼지고기를 올려 노릇하게 굽는다.
4 ──── 양념을 믹서에 가볍게 갈아 3에 부은 다음 조리듯이 굽는다.
5 ──── 양배추, 깻잎을 얇게 채 썰어 팬에 올리고 가볍게 버무려 낸다.

tip ★

★ 돼지고기는 안심, 목심, 삼겹살 부위를 사용해도 좋아요.

★ 황설탕이 없으면 백설탕을 사용하세요.

루콜라피자

• 2~3 인분 • 다용도팬

가열
15분

재료 본연의 맛을 충실히 느낄 수 있는 피자다. 쌉쌀한 루콜라와 짭짤한 살라미의 궁합이 좋다. 맥주, 와인을 곁들이면 더욱 맛있게 먹을 수 있다. 피자용 반죽을 구하기 어렵다면 토르티아로 간편하게 만들어도 좋다.

· ingredient ·

피자용 반죽 1판분, **루콜라** 2줌, **살라미** 8장, **모차렐라치즈** 1컵, **토마토소스** 3큰술, **블랙올리브** 3알,

방울토마토 3개, **밀가루** · **올리브오일** · **굵은 후춧가루** · **파르메산치즈** 약간씩

· how to cook ·

1 ——— 밀가루를 약간 뿌린 작업대에 피자용 반죽을 올리고 밀대를 이용해 약 0.5cm 두께로 편다.

2 ——— 팬에 올리브오일을 바르고 반죽을 올린다.

3 ——— 가장자리는 도톰하게 접어 모양을 잡고 포크로 표면에 구멍을 낸다.

4 ——— 토마토소스를 골고루 바른 다음 살라미, 링 모양으로 썬 블랙올리브, 4등분한 방울토마토를 올린다.

5 ——— 굵은 후춧가루, 모차렐라치즈를 뿌려 200℃로 예열한 오븐에서 15분간 굽는다.

6 ——— 루콜라와 편으로 썬 파르메산치즈를 올려 마무리한다.

3 4

해물파전

• 2인분 • 다용도팬 •

가열
15분

파전을 도톰하게 구우려면 얇은 팬이 아닌 주물팬이 제격이다. 오징어, 새우, 조갯살을 듬뿍 올리고 쪽파와 달걀물로 위를 덮는다. 바삭한 파전을 원한다면 반죽에 멥쌀가루를 넣으면 된다.

· ingredient ·

오징어 1/2마리, **조갯살** 1/3컵, **새우살** 1/3컵, **쪽파** 20대, **홍고추** 1개, **달걀** 1개, **기름** 약간

반죽 밀가루 1/2컵, **멥쌀가루** 1/4컵, **소금** 1/2작은술, **물** 적당량

· how to cook ·

1. ——— 오징어는 몸통 부분을 링 모양으로 썰고 다리는 5cm 길이로 자른다.
2. ——— 반죽 재료를 섞은 다음 해물 재료의 1/2 분량을 넣어 섞는다.
3. ——— 쪽파는 10cm 길이로 자르고 홍고추는 링 모양으로 썬다.
4. ——— 기름을 넉넉하게 두른 팬에 반죽을 얇게 펴고 남은 해물, 쪽파, 홍고추를 얹는다.
5. ——— 한쪽 면이 익으면 달걀을 가볍게 풀어 얹은 다음 뒤집어 노릇하게 부친다.

★ 달걀은 노른자와 흰자가 살짝 섞이는 것이 좋으니 너무 곱게 풀지 마세요.

4-1 | 4-2
5-1 | 5-2

🌿 해물파전은 따뜻할 때 젓가락으로 쭉쭉 찢어 먹어야 맛있어요. 자르지 말고 그대로 식탁에 올리세요.

데리야키연어구이

· 2인분 · 타원형 스태커볼 ·

가열 15분

노릇하게 구운 연어에 데리야키소스를 더해 다시 한 번 굽는다. 얇게 썬 양파를 레몬즙으로 살짝 무쳐 올리면 금상첨화. 연어의 기름진 맛을 소스와 양파가 잡아준다. 그대로 식탁에 올리면 지글지글 소스 끓는 소리까지 맛있다.

· ingredient ·

연어(구이용) 2토막, **아스파라거스** 5~6개, **양파** 1개, **어린잎채소** 1줌, **레몬 · 소금 · 후춧가루 · 기름** 약간씩

소스 **간장** 3큰술, **맛술** 2큰술, **생강즙 · 설탕 · 올리고당** 1/2큰술씩

양파절임 소스 **레몬즙** 2큰술, **설탕** 1작은술, **소금** 약간

· how to cook ·

1 ──── 연어는 소금, 후춧가루를 뿌려 밑간한다.
2 ──── 기름을 두른 팬에 아스파라거스와 연어를 올려 노릇하게 굽는다.
3 ──── 연어가 익으면 소스를 섞어 팬 가장자리에 붓고 졸이듯 굽는다.
4 ──── 양파는 얇게 링 모양으로 썰고, 양파절임 소스를 넣어 가볍게 무친다.
5 ──── 4의 양파를 연어 위에 올리고 어린잎채소, 레몬을 곁들여 낸다.

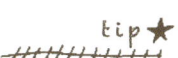

★ 양파는 먹기 직전에 소스로 가볍게 버무리세요.
★ 양파의 매운맛이 싫으면 찬물에 10분간 담갔다가 물기를 제거한 다음 사용하세요.

🌿 도톰한 연어에 드르륵 후추를 갈아 뿌려요.

미트라자냐

• 2인분 • 타원형 스태커블 •

오븐에 구워도 되고, 뚜껑을 덮어 약불로 익혀도 된다. 완성한 미트라자냐는 접시에 옮기지 말고 스타우브째 식탁에 올려 먹을 만큼씩 덜어 먹도록 한다. 모차렐라치즈 대신 다른 좋아하는 치즈를 올려도 괜찮다.

가열 30분

· ingredient ·

라자냐 3장, **양파** 1/2개, **다진 마늘** 1큰술, **소고기(다짐육)** 100g, **토마토소스(시판용)** 1컵, **모차렐라치즈** 1컵, **파르메산치즈 가루** · **파슬리가루** · **올리브오일** · **소금** 약간씩

· how to cook ·

1 ____ 올리브오일을 두른 냄비에 다진 마늘, 다진 양파를 넣고 약불에서 볶아 향을 낸다.

2 ____ 마늘과 양파가 갈색으로 변하면 소고기를 넣고 볶는다.

3 ____ 2에 토마토소스를 넣고 뭉근히 끓여 걸쭉하게 만든다.

4 ____ 약간의 소금과 올리브오일을 넣고 끓인 물에 라자냐를 넣어 8분간 삶는다.

5 ____ 팬에 라자냐 〉 토마토소스 〉 라자냐 〉 토마토소스 〉 라자냐 〉 모차렐라치즈 순으로 담고, 파슬리가루와 파르메산치즈 가루를 뿌린다.

6 ____ 뚜껑을 덮고 약불에서 15분간 가열한다.

★ 스타우브 스태커블은 뚜껑이 없어요. 팬 크기에 맞는 다른 뚜껑을 찾아 사용하세요.

★ 180℃ 오븐에서 10분간 구워도 좋아요.

| 1 | 3 | 5 | 6 |

군고구마 · 2~3인분 · 꼬꼬떼 ·

가열 20분
뜸 5분

스타우브가 있으면 집에서 군고구마도 손쉽게 만들어 먹을 수 있다. 크기가 비슷비슷한 고구마들을 골라 씻은 다음 냄비에 넣고 가스 불 위에 올린다. 한쪽 면만 타는 일이 없도록 고구마를 중간에 한 번 뒤집는다. 탄맛을 좀 더 내려면 강불로 올려 3~5분간 더 굽는다.

· ingredient ·

고구마 5~6개

· how to cook ·

1 ─── 고구마는 껍질째 씻어 냄비에 넣는다.
2 ─── 약불로 끓이다 수증기가 올라오면 한 번 뒤집는다.
3 ─── 10분간 더 굽는다.
4 ─── 뚜껑을 덮은 채로 5분간 뜸을 들인다.

닭날개구이 · 2~3인분 · 다용도팬 ·

가열 25분

바삭하게 구운 닭날개에 짭조름한 간장양념이 배어들어 먹음직스러워 보인다. 간장 소스를 한 번 끓여 닭날개에 붓고 살짝 조리면 소스가 겉돌지 않아 더 맛있다. 취향에 따라 땅콩이나 고수를 다져 올리면 맥주 생각이 절로 난다.

· ingredient ·

닭날개 400g, **전분가루** 1/2컵, **땅콩** 10알, **고수 · 소금 · 후춧가루 · 기름** 약간씩

소스 **간장 · 맛술 · 설탕** 2큰술씩, **생강즙** 1큰술, **고추장 · 꿀 · 다진 마늘** 1작은술씩, **생강즙** 1/2작은술, **물** 3큰술

· how to cook ·

1 _____ 닭날개는 소금, 후춧가루를 뿌려 밑간한다.
2 _____ 닭날개를 전분가루에 고루 묻히고 기름을 두른 팬에 갈색이 나게 구워 꺼낸다.
3 _____ 같은 팬에 소스를 넣어 가볍게 끓인다.
4 _____ 구운 닭날개를 넣고 간이 고루 배게 조린 다음 땅콩과 고수를 다져 올린다.

양념이 자극적이지 않아 아이들 간식으로도 한 끼 반찬으로도 좋아요.

PART 7
STAUB RECIPE
놀라운 스타우브

스타우브 냄비로 튀김요리도 할 수 있다. 한꺼번에 많은 재료를 넣어도 기름 온도가 잘 떨어지지 않아 맛있는 튀김을 만들 수 있다. 그 밖에 달걀 반숙부터 딥, 케이크, 잼, 꼬치요리까지, 식생활의 감초 같은 음식도 스타우브 하나면 거뜬하다. 그야말로 만능 재주꾼이다.

반숙 & 완숙 달걀 · 2인분 · 꼬꼬떼 ·

가열 10분
∨
뜸 10분

달걀의 영양을 쉽고 맛있게 섭취할 수 있는 삶은 달걀. 삶을 때 시간을 달리 하면 반숙 완숙을 조절할 수 있다. 약불에서 삶는 것이 포인트다.

· ingredient ·

달걀 4개, **물** 4큰술

· how to cook ·

1 ——— 냄비에 달걀을 넣고 물을 붓는다.
2 ——— 뚜껑을 덮고 약불에서 5분간 가열한다.
3 ——— 끓기 시작하면 5분 후 2개를 꺼내고(▶ **반숙**)
4 ——— 뚜껑을 덮고 10분간 뜸을 들인다.(▶ **완숙**)

| 1 | 2 | 3-1 | 3-2 |

연근튀김 · 2~3인분 · 베이비웍 ·

가열 5분

기름 온도는 천천히 올라가지만 꾸준히 높은 온도를 유지하므로 한결 수월하게 튀김요리를 할 수 있다. 연근을 튀길 때는 튀김 반죽에 쪽파와 홍고추를 넣어 색과 맛을 더한다.

· ingredient ·

연근(10cm) 1개, **쪽파** 2대, **홍고추** 1개, **전분가루** 5큰술, **튀김가루** 1컵, **달걀흰자** 1개분, **물** 적당량, **기름** 적당량, **식초 · 소금** 약간씩

· how to cook ·

1 ──── 연근은 껍질을 벗겨 0.5cm 두께로 얇게 썬다. 이때 갈변이 되지 않도록 식초물에 담가 놓는다.
2 ──── 튀김가루와 달걀흰자에 물을 붓고 올리고당 정도의 끈기가 생길때까지 반죽한다.
3 ──── 쪽파와 홍고추는 잘게 다져 반죽에 넣는다.
4 ──── 연근은 물기를 제거한 다음 전분가루를 가볍게 묻힌다.
5 ──── 4를 튀김반죽에 넣어 튀김옷을 입힌 다음 180℃ 기름에 바삭하게 튀긴다.

| 3 | 4 | 5-1 | 5-2 |

병아리콩딥

· 만들기 쉬운 분량 · 꼬꼬떼

가열
30분

훔무스라고 하는 병아리콩딥은 중동 지역의 식탁에서 빼놓을 수 없는 메뉴. 부드럽게 삶은 병아리콩을 올리브오일과 함께 부드럽게 갈아 빵, 스낵, 채소 등과 먹는다. 나초나 살짝 구운 토르티아를 곁들여도 좋다.

· ingredient ·

불린 병아리콩 100g, **올리브오일** 1/2컵, **콩 삶은 물** 1/2컵, **볶은 참깨** 10g, **레몬즙** 3큰술, **마늘** 5g,

커민 · **소금** 2g씩, **물** 적당량

· how to cook ·

1 ─── 냄비에 불린 병아리콩을 넣고, 잠길 만큼 물을 붓는다.
2 ─── 뚜껑을 덮어 약불에서 30분간 푹 삶는다.
3 ─── 콩이 삶아지면 체에 걸러 콩과 콩물을 분리한다.
4 ─── 푸드프로세서에 병아리콩과 콩물, 볶은 참깨, 레몬즙, 마늘, 커민, 소금을 넣고 곱게 간다.
5 ─── 올리브오일을 넣어 부드럽게 섞은 다음 나초를 곁들인다.

★ 병아리콩을 불리고 삶는 게 번거로우면 통조림 병아리콩을 사용하세요. 이때는 통조림 안의 액체가 아니라 물 1/2컵을 넣고 갈아 주세요.

★ 커민(cumin)은 중동요리에 사용하는 향신료로 특유의 향이 있어요.

🍃 훔무스는 식물성 단백질이 풍부한 병아리콩이나 깨로 만들어요.
담백하고 건강한 맛으로 인기랍니다.

요구르트케이크

· 1~2인분 · 꼬꼬떼 ·

가열
40분

요구르트와 레몬즙을 넣어 상큼한 맛의 케이크를 만들어 보자. 케이크 틀 없이도 원형 스타우브만 있으면 OK. 냄비와 케이크가 잘 분리되도록 냄비 안쪽에 충분히 기름을 바른 다음 반죽을 부어 굽는다.

· ingredient ·

박력분 100g, **베이킹파우더** 1작은술, **버터** 50g, **설탕** 50g, **달걀** 1개, **플레인 요구르트** 70g, **레몬즙** 1큰술, **아몬드** 1/2줌, **우유** 적당량

· how to cook ·

1 ──── 버터를 상온에 두어 부드럽게 만든 다음 볼에 버터와 설탕을 넣어 하얗게 될 때까지 섞는다.

2 ──── 2에 달걀물, 요구르트, 레몬즙을 순서대로 섞는다.

3 ──── 박력분과 베이킹파우더를 체로 쳐서 넣고 잘 섞는다. 이때 농도가 너무 되직하면 우유를 넣어 조절한다.

4 ──── 3에 아몬드를 슬라이스해 넣는다.

5 ──── 기름을 두른 냄비에 케이크 반죽을 붓고 180℃로 예열한 오븐에서 40분간 굽는다.

블루베리잼 · 만들기 쉬운 분량 · 꼬꼬떼 ·

가열
30분

집에 제철 과일이 많이 남아 있을 때 잼을 만들어 보자. 빵, 과자, 아이스크림 등에 곁들이면 요긴하게 먹을 수 있다. 덩어리가 살짝 있도록 거칠게 조리면 씹는 맛이 있어 좋다. 살균한 병에 넣어 냉장고에 보관한다.

· ingredient ·

블루베리 3컵, **설탕** 1.5컵, **소금 · 레몬즙** 약간씩

· how to cook ·

1 ——— 냄비에 블루베리와 설탕을 섞어 넣고 설탕이 녹을 때까지 상온에 1시간 이상 둔다.
2 ——— 뚜껑을 열고 중불에서 한소끔 끓인 다음 약불로 줄여 계속 저으면서 끓인다.
3 ——— 소금, 레몬즙을 넣고 걸쭉해질 때까지 졸인다.

1　2　3

🌿 케이크 위에 블루베리잼을 올려 보세요.
새콤달콤한 블루베리가 케이크와 함께 사르르 입안에서 녹아요.

캠핑꼬치

· 만들기 쉬운 분량 · 그릴팬 ·

가열 10분

재빨리 구워 먹을 수 있도록 고기는 얇게 썰어 준비하고, 사이사이 채소를 끼워 꼬치를 만든다. 노릇하게 구운 꼬치 위에 실파, 파슬리, 깻잎 등 취향에 맞는 푸른 잎 채소를 듬성듬성 다져 뿌리거나 약간의 마요네즈를 뿌려 먹어도 좋다.

· ingredient ·

소고기(불고기용) 300g, **새송이버섯 · 브로콜리 · 방울토마토** 적당량씩, **기름** 약간

고기 양념 간장 · 다진 파 2큰술씩, 설탕 · 다진 마늘 · 참깨 1큰술씩, 참기름 2작은술, 후춧가루 약간

· how to cook ·

1 ____ 소고기는 양념에 가볍게 버무린다.

2 ____ 브로콜리는 송이송이 떼어 끓는 물에 살짝 데친다.

3 ____ 소고기를 접어 꼬치에 홈질하듯 꿰고 방울토마토, 새송이버섯, 브로콜리를 사이사이 끼운다.

4 ____ 기름을 두른 팬에 꼬치를 올려 노릇노릇해질 때까지 굽는다.

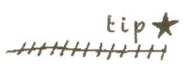
tip

★ 브로콜리는 데치는 대신
송이송이 떼어
전자레인지에 1분간 돌려도 좋아요.

3

4

하나씩 빼 먹는 재미야말로 꼬치가 가지는 매력이지요.
고기와 채소가 고루 익도록 뒤집어 구워요.

에
필
로
그

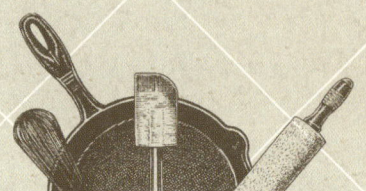

부엌에 들어가 그날 만들 요리 재료들을 꺼내고, 조리도구를 선택해 뚝딱뚝딱.

생각해 보니 그런 일상이 적어도 하루에 한 번, 많으면 하루에 세 번….

셀 수 없을 만큼 많은 밥을 짓고 시간을 보냈는데도

나는 아직도 맘에 드는 조리도구를 보면 탐이 난다.

좋은 조리도구로 맛있고 건강한 음식을 만드는 것

그 음식을 내 가족과 지인들에게 선물할 수 있는 것

소중한 사람에게 좋은 조리도구를 알려주고 대물려 줄 수 있는 것도

조리도구를 찾아다니는 일에 재미와 기쁨을 더한다.

그리고 좋은 조리도구를 나에게 맞게 길들이는 일 또한

부엌에 들어가는 발걸음을 가볍고 즐겁게 만든다.

좋은 조리도구를 만났을 때 매력을

나는, 스타우브에서 느꼈다.

용동희